Karin Funcke
Cornelia Löss

Weihnachten in anderen Ländern

●

Begegnung
mit anderen Sprachen
und Kulturen

●

Unterrichtseinheiten
und Projekte

Cornelsen
SCRIPTOR

Quellennachweis: 23 Aus: De echte Sinter klaas – van Speijk. De Boekerij bv, Amsterdam • **24, 26** Aus: Jaar uit jaar in 1 • **32, 42, 43, 54, 57** Regionale Arbeitsstelle zur Förderung von Kindern und Jugendlichen (RAA), Dortmund • **50 f., 91 f.** © Sabine Lohf • **53** Aus. P. Fuchs/W. Gundlach, Unser Musikbuch für die Grundschule Dudelsack, Stuttgart 1976, S. 43, © Ernst Klett Grundschulverlag Leipzig • **55** Fidula-Kassette 28 „Nikolaus und Weihnacht", Fidula-Verlag Boppard/Rhein und Salzburg • **56** Kreuzbund e.V. • **65** © Verlag Merseburger, Kassel • **67 f.** Nach: Große-Jäger, H./Egger, K., Weihnachten im Lied, Verlagsanstalt Tyrolia, Innsbruck 1992 • **68** Illustrationen von Anne Geelhaar, aus: Häschen Schnurks von H. Hauser/K. Schrader, Kinderbuchverlag, Berlin 1976 • **83 f.** Fredrik Vahle, Das Rentier © Middelhauve Verlags GmbH, München • **87 f.** Cornelsen Verlag, Berlin • **116** Nach: Ruth Dirx/Rena Sack, Weihnachten in aller Welt. Ein Adventskalender zum Basteln und Vorlesen mit Bildern von Sabine Herrmann-Ikram, Verlag Ernst Kaufmann, Lahr

Cornelsen online http://www.cornelsen.de

Gedruckt auf chlorfrei gebleichtem Papier
ohne Dioxinbelastung der Gewässer.

Die Deutsche Bibliothek – CIP-Einheitsaufnahme

Funcke, Karin:
Weihnachten in anderen Ländern: Begegnung mit anderen Sprachen und Kulturen ; Unterrichtseinheiten und Projekte / Karin Funcke / Cornelia Löss. – Berlin: Cornelsen Scriptor, 1999
 (Lehrer-Bücherei: Grundschule)
 ISBN 3-589-05054-3

Dieses Werk berücksichtigt die Regeln der reformierten
Rechtschreibung und Zeichensetzung.

5.	4.	3.	2.	1. ✓	Die letzten Ziffern bezeichnen
03	02	01	2000	99	Zahl und Jahr des Drucks.

Redaktion: Gabriele Teubner-Nicolai, Berlin
Herstellung: Brigitte Bredow, Berlin
Umschlagfoto: Karin Funcke, Havixbeck/Cornelia Löss, Coesfeld
Satz: FROMM MediaDesign GmbH, Selters/Ts.
Druck und Bindearbeiten: Clausen & Bosse, Leck
Printed in Germany
ISBN 3-589-05054-3
Bestellnummer 50543

Inhalt

Vorwort

Weihnachten – ein Fest, das Christen überall auf der Welt verbindet, nimmt auch bei zunehmender Kommerzialisierung und religiöser Sinnentleerung nach wie vor einen wichtigen Platz im familiären und öffentlichen Leben ein. Vor allem für jüngere Kinder ist der Advent eine Zeit der Erwartung, der Vorfreude, des Geheimnisvollen, der Überraschungen, der Gemütlichkeit und Geborgenheit – zumindest hoffen wir das.

Nicht zuletzt vor diesem Hintergrund gehört die Gestaltung der Adventszeit zum Stoffkanon der Grundschule. Jedes Jahr aufs Neue stehen Lehrerinnen vor der Herausforderung, die obligatorischen Back- und Bastelaktionen zu organisieren, geeignete Stücke für Aufführungen auszuwählen und einzustudieren und kleine und große Feste vorzubereiten. Nicht selten wird diese Aufgabe mit der Zeit zum ermüdenden „same procedure as every year".

Um diese Routine zu durchbrechen, führten wir an einer kleinen Grundschule im Münsterland eine Projektwoche zum Thema „Weihnachten in anderen Ländern" durch. In der intensiven Auseinandersetzung mit fremdem Brauchtum, dem Eintauchen in eine andere Welt sahen wir die Chance, Weihnachten aus einer anderen Perspektive zu sehen und damit neu zu entdecken.

Tatsächlich wurde schon das Beschaffen von Informationen, das Sammeln, Sichten und Auswerten vielfältiger Materialien und das Ausschöpfen von Kontakten für alle Beteiligten zum Beginn einer spannenden Erlebnisreise.

Zum Abschluss des Projekts wurden sichtbare und vielleicht auch unsichtbare Veränderungen in den Köpfen und Herzen aller Beteiligten erfahrbar: Die deutschen Kinder waren hellhöriger, bewusster wahrnehmend und interessierter allem Fremdsprachigen und Fremdländischen gegenüber geworden. Sie konnten sich jetzt eher in sprachliche und kulturelle Schwierigkeiten ihrer ausländischen Mitschülerinnen und Mitschüler eindenken und einfühlen.

Die ausländischen Kinder hatten die Chance erhalten, sich in ihrem Fremdsein bereichernd einzubringen, von ihrem Leben mit anderen Sitten und Bräuchen, einer anderen Sprache oder auch Schrift zu erzählen. Alle konnten erfahren, dass es unendlich viele verschiedene Möglichkeiten zu leben gibt, die für andere Menschen interessant sind und gleichwertig nebeneinander existieren.

Die Lehrerinnen machten positive Erfahrungen mit der Öffnung ihres Unterrichts in Richtung auf Projektorientierung Sie erlebten die Kinder und sich selbst in einer veränderten Rollenkonstitution und -konstellation, die auf beiden Seiten Engagement und Kreativität freisetzte.

Wer nach alternativen Gestaltungsmöglichkeiten für die Vorweihnachtszeit sucht, kann dieses Buch als Anregung und die Materialien als Kopiervorlage nutzen. Die Pläne und Materialien sind in der Praxis erprobt und können als Grundlage für größere und kleinere Projekte, eine Unterrichtseinheit oder als Bausteine dienen.

Weihnachten – eine Chance für interkulturelle Projekte

Zur Geschichte des weihnachtlichen Brauchtums

Weihnachten, das Fest der Geburt Jesu von Nazareth, das heute von vielen als das schönste und wichtigste im Jahr empfunden wird, ist kirchengeschichtlich betrachtet noch relativ jung. Erst im Jahre 354 wurde es gegen den erbitterten Widerstand von Teilen des Klerus in Rom unter Bischof Liberius offiziell eingeführt. Bisher hatte die geistige Geburt Christi mit seiner Taufe am 6. Januar (Epiphanias) die bedeutendere Rolle gespielt. Der 25. Dezember als Tag der leiblichen Geburt des christlichen Kindes setzte sich nach jahrhundertelangen Disputen aus verschiedenen Gründen durch. Das Datum basierte nicht nur auf komplizierten Berechnungen, sondern eröffnete die Möglichkeit, direkt an heidnische Bräuche anzuknüpfen. Vor allem sollte ein Gegengewicht zur Verehrung des Sonnengottes Mithra geschaffen werden, dessen Geburtstag am 25. Dezember ausschweifend gefeiert wurde. Die Vereinnahmung und Umdeutung alter Bräuche, Riten und Feste hatte Kalkül. Sie erleichterte die Verankerung christlicher Glaubensinhalte im Bewusstsein der Menschen und damit ihre Verbreitung.

Bei den nordischen Völkern griff die Kirche germanische Toten- und Fruchtbarkeitskulte auf, die in den zwölf Nächten zwischen der Wintersonnenwende und dem heutigen Dreikönigstag feierlich begangen wurden. In Deutschland legte die Mainzer Synode schließlich im Jahre 813 den Tag der Geburt Christi als Beginn des Kirchenjahres und als allgemeinen Feiertag fest.

Heute wird Weihnachten in über 140 Ländern der Erde gefeiert und viele der unterschiedlichen Bräuche lassen sich auf altrömische und altgermanische Riten zurückführen. Lichtbräuche, Geschenksitten, Festspeisen und Umzüge haben dort ihre Wurzeln. Spezielle, auf die Geburt Christi bezogene Brauchtumsformen wie Krippen, der Besuch der mitternächtlichen Messe, Weihnachtsspiele und -lieder entwickelten sich in spät- und nachmittelalterlicher Zeit.

Der Weihnachtsbaum, der als typisch deutsches Symbol gilt, breitete sich ab Mitte des 17. Jh.s vom Elsass über ganz Europa aus und trat seinen Siegeszug besonders in nördlichen Ländern an. Seine Bedeutung wandelte sich vom Symbol der Fruchtbarkeit zum Zeichen christlicher Nächstenliebe bis zum puren Dekorationsobjekt. Die häusliche Weihnachtsfeier mit der Bescherung der Kinder bildete sich im 19. Jh. in allen Bevölkerungsschichten heraus und prägt noch heute den Charakter des Weihnachtsfestes.

In den letzten Jahrzehnten sind die religiösen Ursprünge des Weihnachtsfestes mehr und mehr in den Hintergrund getreten. Weihnachten wurde zum Familienfest mit zunehmend individuellen Zügen. Der Ausprägung eines eigenen Weihnachtsstils auf der einen Seite steht die gleichzeitige Tendenz zu internationaler Angleichung und Verflachung gegenüber.

Trotz dieser allgemeinen Entwicklung besteht nach wie vor eine große Vielfalt und Buntheit an Traditionen, Sitten und Gebräuchen, mit der es sich zu beschäftigen lohnt.

Fremden (Fest-)Kulturen und Sprachen begegnen

Es gehört zum allgemeinen Bildungsauftrag von Schule, Kinder auf die Herausforderungen einer multikulturellen und vielsprachigen Gesellschaft vorzubereiten. Ein wesentlicher Beitrag der Grundschule besteht darin, sprachliche und kulturelle Vielfalt schon früh als Bereicherung und Erweiterung der eigenen Lebensmöglichkeiten erfahrbar zu machen.

Das projektorientierte Vorhaben „Weihnachten in anderen Ländern" ermöglicht es, verschiedene Sprachen und vielfältiges Brauchtum in den Mittelpunkt des Unterrichts zu stellen und das gemeinsame Leben und Lernen für interkulturelle Erfahrungen und Lernprozesse zu nutzen.

Kindern im Grundschulalter ist meist noch nicht bewusst, dass Weihnachten überall auf der Welt auf ganz unterschiedliche Art und Weise gefeiert wird. Im Allgemeinen neigen sie dazu, die ihnen vertrauten Bräuche für die einzig wahren und richtigen zu halten. Die Beschäftigung mit fremden Traditionen stellt diese selbstverständliche Gewissheit in Frage und rückt andere „Weltansichten" in den Wahrnehmungshorizont. Darüber hinaus geht es darum, den Umgang mit der Befremdung, die eine solche Begegnung auslöst, zu üben und für die Gleichwertigkeit kultureller Ausdrucksformen zu sensibilisieren.

Das könnte in dem von uns gesteckten Rahmen aus zwei Gründen besonders gut gelingen:

● Zum einen erleichtern die positiven emotionalen Bindungen an bekannte Sitten und Gebräuche die neugierige Öffnung für das Fremde und helfen, Unsicherheit und Angst abzubauen. Die Konfrontation mit dem Neuen, Andersartigen, die ja erst eine Relativierung bestehender Normvorstellungen ermöglicht, wirkt vor diesem Hintergrund weniger bedrohlich.

● Zum anderen gehören Feste und ihre Vorbereitung zu den Höhepunkten des Schullebens und bündeln von jeher vielfältige Aktivitäten, die ein ganzheitliches Entdecken und Begreifen möglich machen. Dadurch, dass Gemeinsamkeiten und Unterschiede in den kulturellen Traditionen mit Kopf, Herz und Hand nachvollzogen und sinnhaft erlebt werden, können Respekt und Toleranz wachsen.

Da die Sprache nicht nur untrennbar mit den kulturellen Erscheinungsformen verbunden ist, sondern auch das größte Gefühl von Befremdung auslöst, haben wir sie (angemessen dosiert) in die Arbeit einbezogen. Begrüßungsrituale, Reime, Lieder, Rezepte, Anleitungen usw. wurden zumindest in Teilen in der Originalsprache angeboten; auch bei den Texten und Büchern handelte es sich um authentische Medien (vgl. Materialteil). Unserer Erfahrung nach gewinnt das Eintauchen in andere Kulturen und Lebensgewohnheiten dadurch eine andere Qualität und Intensität. Einerseits reagieren Grundschulkinder größtenteils spontan und unbefangen auf fremdsprachliche Angebote, weil ihre Neigung zum Imitieren und ihre Freude am Untersuchen und Entdecken angesprochen werden. Andererseits müssen sie sich auf Unvertrautes einlassen, das sich nicht auf Anhieb erschließen lässt. Während ausländische Gastronomie und Mode schon einen relativ hohen Bekanntheitsgrad genießen und wegen ihres exotischen Charakters faszinieren, bedeutet die Konfrontation mit der Fremdsprache, dass die Kinder sich auf Überraschungen, Irritationen und ungewohnte Lernprozesse einstellen müssen. Ihnen wird abverlangt, Unsicherheit und Mehrdeutigkeit auszuhalten, sie zum Thema zu machen und Strategien für den Umgang mit dem „Andersartigen" zu entwickeln. Auf der Basis von Verständnis- und Verständigungsproblemen wächst die Einsicht, dass es andere genauso gut funktionierende Sprachsysteme gibt. Damit ist ein Grundstein für Toleranz gelegt, die sich nicht nur auf die Sprache, sondern auch auf den jeweiligen Menschen und seine Lebensweise bezieht.
Phasen der Sprachbegegnung können in unterschiedlichem Umfang und auf verschiedenen Niveaustufen eingeplant werden. Ein Vergleich der Projektpläne macht deutlich, dass der fremdsprachliche Anteil in einigen Gruppen (z. B. Italien) relativ hoch, in anderen (z. B. Spanien) vergleichsweise niedrig ist. Ausschlaggebend für diese Gewichtung war die Berücksichtigung der speziellen Lernerfahrungen und Interessen der Kinder.
Darüber hinaus sind für die angemessene Gestaltung fremdsprachlicher Sequenzen entsprechende Kompetenzen der Kolleginnen Voraussetzung. Falls diese fehlen, sollte man versuchen, auf sprachkundige „Fachleute" zurückzugreifen, oder Kinder unterschiedlicher Herkunft und ihre Familien dazu ermutigen, ihre Kenntnisse einzubringen. Die Aufwertung ihrer Zweisprachigkeit fördert zusätzlich das Selbstbewusstsein und Ansehen ausländischer Kinder und macht ihr (Mehr-)Wissen und Können für alle erlebbar und nutzbar.

Projekte als Ort interkulturellen Lernens

Im Anschluss an die Auseinandersetzung mit dem Ursprung der verschieden-artigen, länderspezifischen Weihnachtsbräuche und der daraus resultierenden Begegnung mit fremden Sprachen und Kulturen stellt sich die Frage nach dem didaktisch-methodischen „Wie". Wie können wir Kindern Traditionen ande-rer Länder nahebringen, wo viele häufig durch den Einfluss ihres Elternhauses oder auch Gleichaltriger allem Fremden ablehnend, abwertend, diffus verängs-tigt gegenüberstehen? Dieses Thema braucht besonderes pädagogisches Fin-gerspitzengefühl und eine individuelle, offene Form der Bearbeitung.

Als „Königsweg" interkulturellen Lernens wird in der neueren Literatur die Projektmethode vorgeschlagen. Sie bietet die Chance, an vorhandenen Erfah-rungen der Kinder anzuknüpfen und deren Vorwissen aufzugreifen. Ganzheit-liches Lernen findet statt, d. h., die Kinder werden mit all ihren Sinnen und nicht nur auf der kognitiven Ebene angesprochen. Erfahrungen im emotiona-len Bereich können tiefer greifende Lernprozesse in Gang setzen – gerade die Verknüpfung mit der positiv besetzten Adventszeit kann echte Verhaltensän-derungen bewirken. Dieser Aspekt ist vor allem für den vorurteilsfreien Umgang mit Menschen aus fremden Kulturen von besonderer Bedeutung.

Alle weiteren, hinreichend bekannten Vorteile projektorientierten Arbeitens, wie fächerübergreifendes Lernen, variable Zeiteinteilung, Einbeziehung au-ßerschulischer Personen und Lernorte, vielfältige Primärerfahrungen, Hand-lungs- und Prozessorientierung, Auflösung der Klassenverbände in Interes-sensgruppen, mehr körperliche Bewegungsanreize u. Ä. finden natürlich eben-falls genügend Raum.

Um diesen Pluspunkten einen verlässlichen äußeren Rahmen zu geben, hat Karl Frey in seinem Buch „Die Projektmethode" (FREY 1996) eine sinnvolle, gut einsetzbare Struktur präsentiert. Wenn wir ein Gespür für alles Lebendige, Spontane der Kinder in uns wach halten und damit Freys Modell ergänzen, kann es die äußere Organisation sehr erleichtern. Für unser Thema lässt sich der Projektablauf folgendermaßen skizzieren:

1. Themensuche

Vielleicht wird ein ausländisches Kind nach den Weihnachtsbräuchen in seinem Heimatland gefragt oder die Lehrerin möchte die Adventszeit einmal anders gestalten und bekommt zufällig ein Buch wie dieses in die Hand. Oder die Kinder entdecken den Rentierschlitten von *Santa Claus* in einer Zeitschrift und fragen nach dessen Herkunft.

Die Ausgangssituation eines Projektes ist also offen. Prinzipiell kann jeder Beteiligte – Kinder, Lehrerin – ein Projekt initiieren: Eine Idee, ein Problem, eine Aufgabe, eine Erfahrung, ein anrührendes Ereignis wird in den Unterricht eingebracht.

2. Prüfen des Themas

In einem ersten Brainstorming schlagen die Kinder verschiedene Länder für eine weitere intensivere Beschäftigung vor. Jede der beteiligten Lehrerinnen wählt aufgrund der Beziehung, die sie mit den vorgeschlagenen Ländern verbindet, eines aus. Anschließend erstellt jede Lehrerin mit den Ideen, die sie zur Erarbeitung der Weihnachtsbräuche „ihres" Landes hat, eine erste Skizze und hängt diese als Angebot für die endgültige Wahl der Kinder aus.
Sind die Gruppen dann zusammengestellt, werden die Spielregeln der Zusammenarbeit festgelegt: z. B. Zeitlimit, Gesprächsregeln, Formen des sozialen Miteinander, mögliche Vorgehensweisen, Umgang mit der involvierten Umgebung. Ist dieser Rahmen erstellt, bringt jeder seine Wünsche, Vorstellungen, Interessen und Erfahrungen zum Thema ein.

3. Gemeinsame Entwicklung des Projektplanes

Alle Gruppenmitglieder beginnen mit der Sammlung und Sichtung möglichst vielfältiger Materialien zu „ihrem" Land. Die Kinder werden nach unserer Erfahrung auch viele landestypische Besonderheiten und persönliche Erinnerungsstücke wie z. B. Käse und Tulpenzwiebeln aus Holland, Spaghetti aus Italien, Reiseführer, Urlaubsfotos, Musik-CDs mitbringen, die zur landeskundlichen Erarbeitung eingesetzt werden können.
Anschließend wird das Material gesichtet, ggf. ausgewählt, inhaltlich strukturiert, werden Schwerpunkte für die weitere Arbeit gesetzt. Die Gruppe bespricht jetzt detailliert, wer was wie bearbeitet. Ein genauer Zeit- und Arbeitsplan wird erstellt, aus dem hervorgeht, wer welche Art von Tätigkeiten in welcher Form und über welchen Zeitraum hinweg ausführen wird.
Im Praxisteil dieses Buches finden Sie einen Projektplan (allerdings ohne Gruppeneinteilung) zu jedem Land, der sich im Laufe der von uns durchgeführten Projektwoche entwickelt hat.

4. Projektdurchführung

Arbeitsteilig und in verschiedenen Sozialformen werden die im Projektplan zusammengestellten Aktivitäten angegangen. Ideal ist es, wenn Eltern und andere externe Helfer einbezogen werden können, sodass mehrere Kleingruppen gleichzeitig backen, basteln, singen, Theaterstücke einüben oder sich mit der fremden Sprache auseinander setzen können.

5. Beendigung des Projektes

Höhepunkt und Abschluss des Projektes kann eine Weihnachtsfeier sein, zu der alle Eltern (und evtl. Geschwister) eingeladen werden. In der festlich dekorierten und erleuchteten Schule (oder Aula, Klassenzimmer) präsentieren die Kinder ihre Back- und Bastelresultate, führen Tänze auf, tragen Lieder und Gedichte vor – all das, was sie im Rahmen des Projektes erarbeitet haben.

Im Anschluss daran sollten die Projektgruppen ihre Arbeit noch einmal kritisch reflektieren: Was ist uns gut gelungen, was nicht? Was haben wir gelernt? Welche Konsequenzen ziehen wir daraus für weitere Projekte?

Nach unserer Erfahrung sollten zwei weitere Aspekte je nach Bedarf während des Projektes eingeschoben werden:

Fixpunkte

Fixpunkte sichern den Überblick über den Ablauf des Geschehens. Die Kinder legen immer wieder einmal Pausen bei ihren Aktivitäten ein, treffen sich in der Gesamtgruppe, berichten über den Stand ihrer Arbeiten, sprechen über weitere organisatorische und inhaltliche Fragen und beschließen eventuelle Korrekturen des geplanten Vorgehens.

Beispielsweise besuchte uns während der Projektwoche eine Schwedin und informierte die „schwedische Weihnachtsgruppe" über eine in der Fachliteratur nirgends erwähnte, aber in Schweden äußerst beliebte Weihnachtsdekoration. Darüber wurde beraten: Soll der ursprüngliche Arbeitsplan fortgesetzt oder geändert werden?

Die Fixpunkte werden also einerseits je nach Bedarf eingesetzt, sollten aber andererseits in bestimmten zeitlichen Abständen, z. B. am Ende jedes Projekttages, von vornherein mitgeplant werden.

Zwischengespräche auf Metaebene

Die Kinder können zu jeder Zeit ganz nach Bedarf eine Besinnungspause einschieben, die sinnvollerweise zeitlich auf etwa 30 Minuten begrenzt werden sollte. Sie beschäftigt sich mit dem zu Beginn des Projektes festgelegten Verständigungsrahmen, mit der Analyse von Beziehungsproblemen oder auch mit der distanzierenden Betrachtung der ablaufenden Aktivitäten und bedient sich möglichst konstruktiver, kommunikativer Strategien.

Beispiel für eine solch gelungene Metainteraktion ist folgende Situation:

Ein Schüler, der zweisprachig aufgewachsen war, verwechselte Artikel und bezeichnete das Jesuskind immer wieder als „der Baby". Er schämte sich für seine Fehler und wurde von den anderen ausgelacht. Um diesen Konflikt konstruktiv zu bearbeiten, ließ die Lehrerin Wortkarten mit den Begriffen für „der Vater", „die Mutter", „das Baby" in verschiedenen Sprachen von den Kindern selbstständig ordnen und vergleichen. Den Gruppenteilnehmern wurden dabei die Gründe für die Schwierigkeiten ihres Mitschülers bewusst. Außerdem wuchs ihre Hochachtung für seinen Wissensvorsprung, der bei der Lösung der Aufgabe deutlich geworden war.

Unserer Meinung nach sind die Fixpunkte und Besinnungspausen deshalb so wichtig, um zu verhindern, dass innerhalb der Projektwoche in „blinden Aktionismus" verfallen wird. Diesem Problem kann durch den Einschub der quer zum kontinuierlichen Ablauf des Projektes einsetzbaren Komponenten begegnet werden.

Außerdem behalten die Kinder so immer den Überblick über den Stand der jeweiligen Tätigkeiten aller Gruppenmitglieder und haben ein Forum, auf dem sie auftretende Schwierigkeiten lösen können.

Um dem Anspruch vieler Kolleginnen, in Projekten „alles anders" machen zu müssen als sonst und sich und die Kinder damit zu überfordern, entgegenzuwirken, empfiehlt sich eine sukzessive Hinführung zur Projektorientierung (HACKL 1994). Dazu sollte zuerst der Entwicklungsstand der Gruppe im Hinblick auf Entscheidungsfähigkeit und Kenntnis der Regeln selbstständigen Arbeitens festgestellt werden:

- Können die Kinder schon entscheiden, welche Ziele, Inhalte, Sozialformen, Termine, Ergebnissicherungen,... sie wählen möchten?
- Können sie selbstständig die Aufgaben gliedern, verteilen, koordinieren, in einen Zeitplan einfügen oder auch Konflikte lösen?

Sicherlich sind Kinder in der Grundschule in der Lage, einige der aufgezählten Aspekte zu erfüllen. Nachdem diese festgehalten worden sind, sollten für dieses Weihnachtsprojekt höchstens ein bis zwei neue Kompetenzen zusätzlich in den Entscheidungshorizont der Kinder aufgenommen werden. So sind weder die Kinder durch eine plötzlich als absolute Freiheit erlebte Zeit noch die Lehrerinnen durch das Gefühl des Verlustes jeglicher Kontrolle überfordert.

Projekte zu Weihnachtsbräuchen in sechs Ländern

Unsere Vorschläge für die projektorientierte Auseinandersetzung mit weihnachtlichen Traditionen in den Niederlanden, in Italien, Spanien, England, Schweden und Russland sind jeweils gleich strukturiert:

Zunächst informieren wir über die Facetten landestypischen Brauchtums, die sich für die Bearbeitung im Primarbereich eignen. Ein für vier Wochentage ausgelegter Projektplan schließt sich an. Es folgen Erläuterungen, das Programm für eine mögliche Präsentation und der Materialteil.

Uns ist es wichtig, darauf hinzuweisen, dass wir ein Endprodukt beschreiben und nicht die Prozesse, die zu dieser spezifischen Form der Realisierung geführt haben. Natürlich gibt es zahlreiche Alternativen und jeder Projektplan sollte als Beispiel verstanden werden, das auf die Interessen, den Wissensstand und das Alter der Kinder, die Zusammensetzung der Gruppe, den Materialpool zugeschnitten bzw. neu erstellt werden muss. Auch eine Anpassung an die äußeren Bedingungen der Schule in Hinblick auf Organisation und Auswahl der Länder ist unerlässlich.

Als inhaltlich interessante Ergänzung kann der Rahmen um deutsches Brauchtum oder nichtchristliche Länder ohne Weihnachtsfest erweitert werden.

Darüber hinaus haben wir die Erfahrung gemacht, dass sich aus der Beschäftigung mit dem Thema immer wieder Impulse für eine weiterführende Auseinandersetzung mit fremden Lebensgewohnheiten und Kulturen ergeben.

Einige Tipps am Rande

- Bestehende Kontakte oder Verbindungen zu den ausgesuchten Weihnachtsländern nutzen.
- Erfahrungen ausländischer Kinder in die Projektarbeit einbeziehen.
- Möglichst viele externe Erwachsene gewinnen, um die Gruppen auf ihrer „Reise" durch das fremde Land zu begleiten und zu unterstützen.
- Musikalische Kollegen oder Kolleginnen bitten, die ausgewählten Lieder auf Kassette aufzunehmen: gesungen, mit Gitarren- oder Klavierbegleitung oder als Playback. Auch auf die CD „Weihnachten überall", die zu dem empfehlenswerten Buch gleichen Titels (HOFFMANN/EHLERS-JUHLE 1994) gehört, lässt sich zurückgreifen.

Niederlande

Prettige kerstmis en een gelukkig nieuw jaar

In den Niederlanden konzentriert sich das Weihnachtsbrauchtum auf die Nikolauszeit. Die eigentlichen Weihnachtsfeiertage werden eher still und ohne großen Aufwand begangen. Der Tag, dem die holländischen Kinder entgegenfiebern, ist der 6. Dezember. Schon einige Zeit vor seinem Geburtstag ist der holländische Nikolaus, der *Sinterklaas*, mit einem Schiff von Spanien an der holländischen Küste angekommen. Begleitet wird er von den *zwarte pieten*. Das sind lustige schwarze Gesellen in Pluderhosen, mit einem Turban auf dem Kopf, die alle eine bestimmte Aufgabe haben. So gibt es unter anderem *de strooipiet, de bakpiet, de luisterpiet, de boekpiet, de pakjespiet, de rommelpiet.*

Strooipiet:	streut Süßigkeiten (*pepernootjes, klaaspoppen, suikergoed*)
Bakpiet:	backt kleine Pfefferkuchen (*pepernootjes*)
Luisterpiet:	horcht an Türen und Fenstern, um *Sinterklaas* vom Betragen der Kinder zu berichten
Boekpiet:	trägt das Buch des *Sinterklaas*, in dem er alle guten und schlechten Taten der Kinder notiert hat (*Ook heeft hij een groot boek. Daarin staan alle goede of boze dingen, die de kinderen in het jaar gedaan hebben.*)
Pakjespiet:	trägt Geschenke
Rommelpiet:	treibt Schabernack

Während *Sinterklaas* in roter Bischofsrobe mit Mitra auf einem Schimmel durch die Städte reitet, verteilen die *zwarten pieten strooigoed* an die Kinder, die sich versammelt haben, um den Nikolaus zu empfangen.

Nachts reitet *Sinterklaas* dann über die Dächer der Häuser und verteilt kleine Geschenke. Die Kinder haben ihre Schuhe bereitgestellt und ihre Wunschzettel darin versteckt. Auch an Wasser, Heu und Mohrrüben für das Pferd von *Sinterklaas* haben sie gedacht.

Der große Geschenketag, das ist in den Niederlanden der Abend des 5. Dezember. Entweder stellt *Sinterklaas* einen Sack, Karton, Korb o. Ä. mit den Geschenken vor die Tür oder er kommt höchstpersönlich mit einigen seiner *pieten* ins Haus. Traditionsgemäß stattet der Heilige außerdem den Krankenhäusern und Schulen einen Besuch ab, wofür sich die Kinder mit kleinen

Aufführungen, Liedern oder Tänzen bedanken. *Sinterklaas* und seinen lustigen Begleitern haftet heutzutage nichts Bedrohliches mehr an. Es ist aber noch
gar nicht so lange her, dass unartige Kinder fürchten mussten, nach Spanien
mitgenommen zu werden.

In vielen Familien wird auch ein *surprisenavond*, ein Überraschungsabend,
gefeiert. Das ist eine besondere Form der Bescherung, bei der die Geschenke
nicht nur liebevoll verpackt (Mogelpackungen sind sehr beliebt), sondern auch
noch gut versteckt werden. Manchmal führen Briefe – ähnlich wie bei einer
„Schatzsuche" – erst über Umwege zum Ziel. Einem alten Brauch entspre-
chend gehört zu jedem Gabenpäckchen ein selbst verfasstes Gedicht, mit dem
man den Beschenkten necken und typische Eigenschaften liebevoll „aufs Korn
nehmen kann" (auch die Geschenke selbst sind häufig Anspielungen).

Ein deutschsprachiges Beispiel für einen solchen Reim, als dessen Absender
immer *Sint en Piet* fungieren, ist das folgende Gedicht:

> Wer trödelt bei den Hausaufgaben,
>
> lässt sich von Großen nicht gern was sagen,
>
> spielt am Computer stundenlang,
>
> räumt seine Sachen nie in den Schrank –
>
> ist hin und wieder recht vergesslich,
>
> doch in anderer Hinsicht sehr verlässlich:
>
> Sein Kaninchen Stups kann sich
>
> nicht beklagen, Sinterklaas konnte
>
> es persönlich fragen.

Traditionelle Weihnachtsrezepte gibt es in den Niederlanden nicht. Ein abso-
lutes Muss und ein typisches Geschenk sind aber *chocolade letters*, Anfangsbuchstaben des jeweiligen Namens aus Schokolade, die man in der Vorweihnachtszeit in allen erdenklichen Größen und Geschmacksrichtungen erstehen
kann. Außerdem gibt es die „Buchstaben vom Konditor", die gekauft oder

selbst gebacken werden können. Diese *banket letters* bestehen aus einer in Blätterteig eingehüllten, dem Marzipan ähnlichen Masse aus Mandeln, Zucker, Ei und Zitronenaroma.

Der Verzehr dieser Buchstaben soll – nach alter Überzeugung – einen Zuwachs an Wissen und Erkenntnis bringen. Wenn das doch wirklich so einfach wäre!

★ ★ ★ Möglicher Projektablauf ★ ★			
Montag	**Dienstag**	**Mittwoch**	**Donnerstag**
Sammeln von Informationen über die Niederlande ✳ Ausstellungstisch	Herstellen eines eigenen Bilderbuches	Backen von holländischem Gebäck in Gruppen mit Elternhilfe	Gemeinsame Planung des Elternnachmittags
Niederländische Weihnachtsbräuche (bildunterstützter Lehrervortrag)	Lied *St. Nicolaas en zwarte Piet*	✳ Orangen- plätzchen ✳ Butterkuchen	Probe
Besuch von *Sinterklaas en zwarte Piet*	Backen von *pepernootjes*	Arbeitsangebot: der *zwarte Piet* als *Trekpop*	Anfertigung von Zimmerschmuck
Ausmalbild *Sinterklaas op zijn paard*		*Sinterklaas* als ✳ Weihnachtskarte ✳ Apfelnikolaus ✳ Serviettenhalter ✳ Seefahrer	Schmücken des Klassenraumes
Lied *Daar wordt aan de deur geklopt*		Schreiben des eige- nen Wunschzettels	Lied *Hij komt, hij komt*
Spiel *Wie zou dat zijn?*			
Buch *Sinterklaas en de bosmuisjes*			

Durch das kinderfreundliche Brauchtum und die Nähe der holländischen Sprache zur deutschen eignet sich die Bearbeitung dieses Themas in besonderem Maße für 1. und 2. Klassen. Deshalb haben wir unsere Vorschläge auf diese Altersstufe abgestimmt, sie können aber problemlos abgewandelt und auch für ältere Kinder attraktiv und herausfordernd gestaltet werden.

Um den Vortrag der Lehrerin über niederländische Weihnachtsbräuche anschaulicher zu machen, illustrierten wir ihn durch vergrößerte Bilder mit leicht abgewandeltem Text aus dem bunten Wörterbuch Weihnachten (vgl. BEAUMONT 1966, S. 41 f.). Die Bilder wurden später im Klassenraum als Wandfries aufgehängt.

Da wir über entsprechende Kostüme und eine sprachkompetente Lehramts-anwärterin verfügten, inszenierten wir anschließend einen Überraschungsbe-such. Es klopfte (*Daar wordt aan de deur geklopt! Wie zou dat zijn?*), und *Sinterklaas en zwarte Piet* (der Hausmeister und die Lehramtsanwärterin in entsprechender Verkleidung) betraten die Klasse. Der *zwarte Piet* stellte den Kindern Fragen auf holländisch: *Weten jullie wie we zijn?* (Wisst ihr, wer wir sind?) *Waar komen wij van dann?* (Woher kommen wir?) usw.

Die Kinder waren sichtlich beeindruckt. Sie hörten gebannt zu, versuchten, die Fragen zu verstehen und sie zu beantworten. Dabei wurden sie ganz selbstverständlich mit der fremden Sprache konfrontiert, waren begeistert von ihrer „Übersetzungsarbeit" und wiederholten zudem das zuvor Gehörte. Die-ser Besuch war ausgesprochen ergiebig und motivierend, sollte aber nur eingeplant werden, wenn man den recht großen Aufwand nicht scheut oder günstige Voraussetzungen hat.

Damit die Kinder nach diesem aufregenden Ereignis leichter zur Ruhe finden konnten, boten wir ein Ausmalbild an. Die benötigten Farben: *rood, geel, blauw* und *bruin* waren leicht zu identifizieren und regten dazu an, nach den holländischen Bezeichnungen für andere Farben zu fragen. Als Hintergrund-musik setzen wir eine CD mit typisch niederländischen *Sinterklaas liedjes* ein. Etliche dieser Lieder haben einfache, bekannte Melodien. Das erste Lied, das die Projektgruppe lernte, war *Daar wordt aan de deur geklopt* (Melodie: Oh, du lieber Augustin), dessen Anfangszeile sie schon kannte.

Daar wordt aan de deur geklopt,
zacht geklopt, hard geklopt,
daar wordt aan de deur geklopt:
Wie zou dat zijn?
„Wees maar gerust, mijn kind.
Ik ben een goede vriend.
Want al ben ik zwart als roet,
'k meen het doch goed!"!

Übersetzung:
Da wird an die Tür geklopft,
leis geklopft, laut geklopft,
da wird an die Tür geklopft:
Wer kann das sein?
Sei nur ganz ruhig, mein Kind,
ich bin ein guter Freund.
Bin ich auch schwarz wie Ruß,
mein ich's doch gut.

Deutsche Strophe:
Da wird an die Tür geklopft,
laut geklopft, leis geklopft,
da wird an die Tür geklopft:
Wer mag das sein?
Sei nur ganz ruhig, mein Kind!
Ich bin's: Der gute Sint!
Komm aus Spanien heut' zu dir,
öffne die Tür!

Das Spiel *Wie klopt daar?* passt zu dem Lied und wird vor allem von jüngeren Kindern mit Begeisterung gespielt. Für dieses Spiel gehen mehrere Kinder vor die Tür des Klassenzimmers. Einer klopft an. Die Klasse ruft: „*Wie zou dat zijn?*" Das Kind antwortet mit verstellter Stimme: „*Hier is Sinterklaas!*" Nun muss erraten werden, wer der Nikolaus ist: „*Sinterklaas, het is …!*" Wurde richtig geraten, wird die vor der Tür stehende Gruppe von anderen Kindern abgelöst.

Ein hervorragendes Medium zur Begegnung mit anderen Sprachen und Kulturen in der Grundschule ist das authentische Bilderbuch. Einfache, bebilderte Bücher, in denen Weihnachtsbräuche thematisiert werden, kann man in jedem christlichen Land finden. Sie gehören zur Alltagskultur und sind der Gefühlswelt von Kindern besonders nahe. Für das Ende des ersten Projekttages hatten wir das Bilderbuch: *Sinterklaas en de bosmuisjes* ausgewählt (OOMEN 1995), das von einer Bescherung mit Hindernissen in einer Mäusefamilie erzählt. Vom Textumfang erschien uns dieses kleinformatige Buch angemessen, weil es im Anforderungsniveau etwas oberhalb einer einfachen Erschließung liegt und die Kinder dazu herausgefordert werden, „Detektivarbeit" zu leisten. Eingeführt wurde das Buch über eine Handpuppe, die sich als *Mimi, het bosmuisje*, und das Bilderbuch als ihre Geschichte vorstellte.

Für den unterrichtlichen Einsatz hatten wir die Seiten des Buches auf Folie kopiert und den Originaltext mit verteilten Rollen auf Tonkassette sprechen lassen. Die Kinder betrachteten die einzelnen Bilder genau, erzählten, was sie entdeckten, wieder erkannten und über den Inhalt vermuteten. Gespannt hörten sie dem gesprochenen Text zu, um ihre Überlegungen zu überprüfen und der Handlung zu folgen. Dass sie die Geschichte mit Hilfe der Bilder und des fremdsprachigen Textes nachvollziehen konnten, war ein großes Erfolgserlebnis und die Buchexemplare mit deutscher Übersetzung, die wir für die Leseecke angefertigt hatten, waren in Zeiten freier Arbeit noch lange heiß begehrt.

Darüber hinaus war bei den Kindern spontan der Wunsch entstanden, selbst ein kleines Buch über holländische Weihnachten zu machen. Da ein solches Vorhaben ohne großen Aufwand zu realisieren war, wurde es sofort als „Tagesordnungspunkt 1" für den nächsten Tag eingeplant. Ideen waren schnell zusammengetragen. Im Verlauf der Projektwoche wurden die Beiträge ständig ergänzt. Später klebten die Kinder Fotos in das Buch und einige schrieben holländische Liedtexte.

Diese Beschreibung stellt natürlich nur eine Möglichkeit des Einsatzes von authentischen fremdsprachigen Bilderbüchern vor; der eigenen Fantasie sind keine Grenzen gesetzt. Außerdem gibt es vielfältige Alternativen der Fortsetzung im Sinne eines handlungs- und produktionsorientierten Literaturunterrichts. Hier kann man getrost den Vorlieben und der Kreativität der Kinder folgen.

Das Lied *St. Nicolaas en zwarte Piet*, das die Gruppe anschließend kennen lernte, bot sich wegen der bekannten Melodie (Wir fahren über'n See) und des einfachen Textes an.

1. St. Nicolaas en Zwarte Piet
Zwarte Piet, Zwarte Piet
St. Nicolaas en Zwarte Piet,
Zwarte Piet

2. Die kwamen met de stoomboot aan
stoomboot aan, stoomboot aan
Die kwamen met de stoomboot aan
stoomboot aan

3. Nu zet ik vlug mijn schoentje klaar
schoentje klaar, schoentje klaar
Nu zet ik vlug mijn schoentje klaar
schoentje klaar

4. Ik vraag een wortel voor het paard
voor het paard, voor het paard
Ik vraag een wortel voor het paard
voor het paard

5. En morgen wil ik vroeg op staan
vroeg op staan, vroeg op stan
En morgen wil ik vroeg op staan
vroeg op staan

6. Wat zou er in mijn schoentje zijn
schoentje zijn, schoentje zijn
Wat zou er in mijn schoentje zijn
schoentje zijn

Wörtliche Übersetzung:
1. Der Heilige Nikolaus und der Schwarze Piet,
2. die kamen mit dem Dampfer an.
3. Nun mache ich schnell meinen Schuh bereit;
4. ich frage nach einer Mohrrübe für das Pferd.
5. Und morgen werde ich früh aufstehn.
6. Was wird wohl in meinem Schuh sein?

Singbare Übersetzung:
Sinterklaas und *Zwarte Piet*,
die kamen mit dem Dampfer an.
Nun stell ich meinen Schuh heraus;
ich lege Heu für das Pferd dazu.
Und morgen will ich früh aufstehn.
Was wird in meinem Schuh wohl sein?

Da *pepernootjes* nicht nur ein typisches niederländisches Nikolausgebäck und wesentlicher Bestandteil des „Streuguts" sind, sondern sich auch leicht herstellen lassen, kann man sie für gemeinsame Backaktionen gut einplanen. Aus dem gleichen Teig lassen sich auch die Anfangsbuchstaben des jeweiligen Vornamens (*letters*) formen. Während des Backens verzichteten wir auf den Einsatz niederländischer Sprachanteile, weil die komplexen Arbeitsgänge die volle Konzentration der Kinder erforderten. Im Vorfeld der Projektwoche hatten Eltern nicht nur Rezepte für holländische Plätzchen und Kuchen beigesteuert, sondern sich auch bereit erklärt, entsprechende Zutaten zu besorgen und in Kleingruppen zu backen. So entstanden mit tatkräftiger Unterstützung Backwaren, deren Rezepte sich für eine selbstständige Umsetzung nicht eignen.

Im thematischen Mittelpunkt der Bastelarbeiten standen natürlich *Sinterklaas* und *Zwarte Piet*. Wir machten den Kindern ein Angebot verschiedener Gestaltungsaufgaben, aus dem sie frei wählen konnten:

Der *Zwarte Piet* als
– Hampelmann *(Trekpop)*

Sinterklaas als
– Apfelnikolaus *(Appelsint)*
– Serviettenhalter *(Servettenhouder)*
– Weihnachtskarte *(Vouwkaart)*
– Seefahrer *(Sinterklaas komt met de stoomboot an)*

Schreiben des eigenen Wunschzettels auf echtem holländischen *verlanglijstje*-Briefpapier.

Einige der aufgeführten Bastelarbeiten sind so bekannt, dass wir sie im Materialteil nicht aufgenommen haben.

Der *Appelsint* besteht aus einem Apfel als Körper und einer Walnuss als Kopf. Mitra und Mantel werden aus Papier, der Bart aus Watte gestaltet.

Der Serviettenhalter wird mithilfe einer Schablone aus Filz geschnitten und bemalt.

Für die Seefahrer faltet man ein Papierschiff und setzt als Besatzung „Sektkorken-Figuren" hinein.

Damit die einzelnen Arbeitsschritte durchschaubar und einfach nachzuvollziehen waren, stellten wir sie an je einem Beispiel auf Postern dar. Das echte holländische Wunschzettel-Briefpapier hatte so großen Aufforderungscharakter, dass wir es als Kopiervorlage nachempfunden haben.

Unsere Auswahl an Bastelarbeiten bezog sich vorwiegend auf die Klassenstufen 1 und 2; für ältere Kinder würden wir anspruchsvollere Aufgaben zum gleichen Thema oder die Gestaltung und Verpackung kleiner Geschenke inklusive des typischen Spottverses für einen *Surprisentag* vorschlagen.

Im Mittelpunkt des vierten Tages stand die gemeinsame Planung der Präsentation und die entsprechenden Vorbereitungen.

★ Programm für den Elternnachmittag

1. Wie in den Niederlanden Weihnachten gefeiert wird: Kinder erzählen zu den einzelnen Bildern des „Wandfrieses".
2. Singen der Lieder:
   - *Daar wordt aan de deur geklopt*
   - *St. Nicolaas en zwarte Piet*
3. Vorstellung des Buches *Sinterklaas en de bosmuisjes:* Kinder liefern nach dem Vorspielen der Kassette die Übersetzung.
4. Anbieten des Gebäcks (*Lekker eten!*)
5. *Zwarte Pieten* verteilen *strooigoed*.

Zum Abschluss wollten die Kinder gerne noch ein Lied lernen und einen holländischen Namen bekommen. Passende Namen fanden wir in der entsprechenden Liste am Ende des Wörterbuches und auf das Lied *Hij komt, hij komt* einigte man sich schnell, weil es leicht zu singen und zu verstehen ist.

Hij komt, hij komt	Er kommt, er kommt,
de lieve goede Sint	der liebe, gute Nikolaus:
Mijn beste vriend	Mein bester Freund,
uw beste vriend	euer bester Freund,
De vriend van ieder kind	der Freund von jedem Kind.
Mijn hartje klopt	Mein Herz, das klopft;
mijn hartje klopt zo blij	mein Herz, das klopft so froh.
Wat brengt hij mij	Was bringt er mir,
wat brengt hij u,	was bringt er dir,
wat brengt hij u en mij	was bringt er dir und mir?
Wie zoet was koek	Wer brav war, kriegt Kuchen;
wie stout was krijgt een roe	wer unartig war, kriegt eine Rute.
Hij komt, hij komt	Er kommt, er kommt,
de lieve goede Sint	der liebe, gute Nikolaus:
mijn beste vriend	Mein bester Freund,

Hij komt, hij komt

Hij komt, hij komt, de lie - ve goe - de Sint. Mijn
bes - te vrind, uw bes - te vrind, de vrind van ie - der kind. Mijn
hart - je klopt, mijn har - tje klopt zo blij. Wat
brengt hij u, wat brengt hij mij, wat brengt hij u en mij? Wie
zoet was koek, wie stout was, krijgt de roe. Hij komt, hij komt, de
lie - ve goede Sint. Mijn bes - te vrind, uw beste vrind, de vrind van ieder kind.

Materialübersicht

★ **Lied:**
  – *Daar wordt aan de deur geklopt*

★ **Bastelanleitungen:**
  – *Der zwarte Piet als Trekpop* (Hampelmann)
  – *Sinterklaas* als Weihnachtskarte

★ **Rezept:**
  – *Pepernootjes*

★ **Sonstiges:**
  – Ausmalbild: *Sinterklaas op zijn paard*
  – Briefpapier für die *verlanglijstje* (Wunschzettel)

Daar wordt aan de deur geklopt

G G D G

Daar wordt aan de deur ge - klopt, zacht ge - klopt, hard ge - klopt.

G G D G

Daar wordt aan de deur ge - klopt! Wie zou dat zijn?

D G D G

Wees maar ge - rust, mijn kind; ik ben een goe - de vriend.

G G D G

Want al ben ik zwart als roet, `k meen het wel goed.

o = **rood**

△ = **geel**

+ = **blauw**

• = **bruin**

Trekpop

Begin met alle delen
leuk te kleuren.
(= bunt malen)

Daarna alles netjes
uitknippen.
(= ausschneiden)

Hier zie je hoe je de
nietjes ⅍ vast moet
maken.
(= Teile mit Muster-
klammern verbinden)

Vouwkaart

Klappkarte

Prettige

kerstmis

Was zu tun ist:

1. *kleuren* (= ausmalen)
2. *uitknippen* (= ausschneiden)
3. *vouwen* (= falten)
4. *armen anplakken*
   (= Arme aufkleben)

Und so sieht
die fertige
Karte aus:

VERLANGLIJSTJE

DE KEUKENPIETEN ZIJN PEPERNOTEN AAN HET BAKKEN.
HIERONDER STAAT HET RECEPT: BAKSE!

De pepernoten van Piet

(circa 50 stuks)

	Zutaten:
100 gr. zelfrijzendbakmel	100 g Mehl
50 gr. bruine basterdsuiker	1 Teelöffel Backpulver
1 theelepel speculaaskruiden	50 g brauner Zucker
1 mespuntje zout	1 Teelöffel Spekulatiusgewürz
40 gr. koude, harde boter	1 Messerspitze Salz
2 eetlepels melk	40 g kalte, harte Butter
	3 Esslöffel Milch

1

Doe het bakmeel + basterdsuiker + zout + melk +speculaaskruiden in een kom.

2

Snijd de boter in kleine stukjes. Kneed er met de hand een deeg van. Maak knikkers van het deeg. Verwarm de oven op 175°.

3

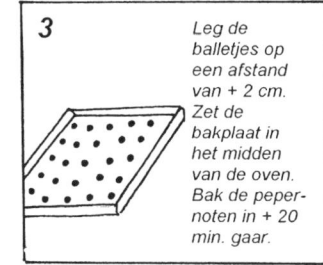

Leg de balletjes op een afstand van + 2 cm. Zet de bakplaat in het midden van de oven. Bak de pepernoten in + 20 min. gaar.

Italien

Buon Natale e felice anno nuovo

Auch wenn der Christbaum im Norden des Landes schon weite Verbreitung gefunden hat, steht im Mittelpunkt des italienischen Weihnachtsfestes die *presepio*, die Krippe. Der Brauch, eine Krippe aufzustellen, hat jahrhundertealte Tradition und geht der Überlieferung nach auf Franziskus von Assisi zurück, der die Geburt Christi im 13. Jh. mit lebenden Tieren und Dorfbewohnern nachgestellt haben soll. In fast allen Kirchen Italiens kann man kunstvolle Krippen bewundern und auch in den Familien wetteifert man um die schönsten und aufwändigsten Szenarien. Diese reich ausgeschmückten Krippen, die umfangreiche Dimensionen annehmen können und häufig ganze Landschaften nachbilden, bleiben zunächst verdeckt. Erst am 24. Dezember nach der Mitternachtsmesse (deren Besuch im katholisch geprägten Italien einen hohen Stellenwert hat) werden sie enthüllt. Auch das Jesuskind (*bambino*), dessen Platz bis zu diesem Zeitpunkt vakant geblieben war, wird jetzt in die Krippe gelegt, um die Geburt Christi symbolisch anzuzeigen.

Die Weihnachtsfeiertage verbringen Italiener meist im Familienkreis. (Ein bekanntes Sprichwort lautet: *„Natale con i tuoi, Pasqua con chi vuoi!"* = Weihnachten mit den Deinen, Ostern mit wem du willst!). In der Regel ist es ein fröhliches Beisammensein mit vielen Gästen. Beim Abendessen am 24. Dezember bestimmen regionale und lokale Gebräuche die Zahl und Art der Gänge. An diesem Tag wird in erster Linie Fisch und Gemüse aufgetischt. Zum krönenden Abschluss genießt man *panettone* (eine Art Rosinenbrot) und *torrone* (ein dem türkischen Honig ähnlicher harter Nougat). Auch am 25. Dezember gibt es ein festliches Zusammentreffen und ein üppiges Festessen, das lang ersehnte *pranzo di Natale*. Anschließend bleibt man zusammen und spielt Karten, Gesellschaftsspiele usw.

Ansonsten spiegelt sich die kulturelle Vielfalt Italiens in verschiedenen Bräuchen mit regionalem Charakter wider:

- In vielen Regionen Norditaliens werden die Kinder meist am Morgen des 25. Dezember, häufig aber auch schon am Heiligen Abend nach der Messe, vom Weihnachtsmann, dem *Babbo Natale* oder vom Christkind, dem *Gesù Bambino*, beschenkt.

- Zwischen Rom und Neapel tragen Jungen einen großen Stern aus Pappe über einer kleinen Krippe von Haus zu Haus, singen Weihnachstlieder und sammeln Geld.
- In Neapel wird Weihnachten auf den festlich geschmückten Straßen gefeiert. Am 24. Dezember veranstaltet man ein großes Feuerwerk.
- Im Trentino, in Venetien, in der Lombardei und in einigen süditalienischen Provinzen werden die Kinder von der Heiligen Lucia beschenkt. Sie reitet am Abend des 12. Dezember auf einem Esel von Haus zu Haus und verteilt ihre Gaben.
- In den Abruzzen und auf Sizilien ist es Brauch, Szenen rund um Christi Geburt in Form „lebendiger Krippen" nachzustellen.
- Auf Sizilien ziehen in der Vorweihnachtszeit Bänkelsänger von Haus zu Haus und singen lustige Weihnachtslieder.
- In einigen Regionen Nord- und Mittelitaliens werden die Kinder erst am 6. Januar, dem Dreikönigstag, beschert. Die Geschenke bringt eine alte, hässliche, aber gute Hexe, die Befana.

Die Legende, auf die dieser Brauch zurückgeht, gleicht der Geschichte der russischen Babuschka.

> Man sagt … dass die Befana im Grunde eine unglückliche Hexe ist. Sie hatte von den Hirten die Botschaft von der Geburt Christi vernommen und auch den Stern von Bethlehem als Zeichen gesehen. Die Befana wollte sich aufmachen und dem Jesuskind ein Geschenk bringen, trat aber ihre Reise nicht gleich an. Als sie schließlich losflog, fand sie den Stern von Bethlehem nicht mehr und auch nicht das Jesuskind. Seitdem macht sie sich Jahr für Jahr um die gleiche Zeit auf den Weg und bringt in alle Häuser, in denen Kinder wohnen, Geschenke – und dies in der Hoffnung, dass eines der Kinder das Jesuskind ist.
> (SOLTENDIECK/OBERHUEMER 1992, S. 26)

La Befana (wahrscheinlich eine Verballhornung des Begriffes „Epiphania") reitet auf ihrem Besen von Haus zu Haus und gelangt durch die Kamine oder Türen in die Wohnungen. Dort füllt sie Süßigkeiten und Geschenke in die bereitgestellten Schuhe oder aufgehängten Strümpfe. Unartige Kinder müssen damit rechnen, dass die *Befana* ihnen nur (oder auch) ein Stück Kohle hinterlässt.
Am Abend des 5. Januar ziehen in einigen Orten Kinder und Erwachsene von Haus zu Haus und singen die *befanata*, um Geschenke und Geldspenden zu sammeln. Damit dieser „Auftritt" besonders eindrucksvoll wirkt, werden die Singenden instrumental begleitet und die *Befana* dargestellt. In manchen Städten werden auch *Befana*-Puppen durch die Straßen getragen und anschließend verbrannt, um so symbolisch das alte Jahr zu verabschieden.

☆ ★ ★ Möglicher Projektablauf ★ ☆			
Montag	**Dienstag**	**Mittwoch**	**Donnerstag**
Hörspiel: *Befana und der Hexenbesen*	Lied *La Befana*	Allgemeine italienische Weihnachtsbräuche (Lehrervortrag)	Anzünden der Kerzen/Rondo *Accendi la luce*
Kreisgespräch: Austausch über das Gehörte	Basteln einer Stabpuppe *(La Befana)*	Basteln eines Kerzenleuchters *(candeliere originale)*	Die Geschichte des *panettone* (Lehrererzählung)
Weihnachtsbräuche in Italien (Schwerpunkt: *Befana*, die ital. Weihnachtshexe)		Rondo *Accendi la luce*	Backen italienischer Weihnachtsplätzchen *(Stelle di Natale)*
Reim *La Befana vien di notte*		Lied *Bambino nella culla*	Gemeinsame Planung des Elternnachmittags
Lied *La Befana*			Schmücken des Klassenzimmers

Eingeleitet wurde die Projektwoche, deren Inhalte sich am besten für die Klassen 2 und 3 eignen, durch das gemeinsame Sammeln von Informationen und Landestypischem. Außerdem führte die Lehrerin neben dem Morgenritual (*Buongiorno bambini! – Buongiorno maestra!*) einige „Klassenraum-Phrasen" und das Lied *Buongiorno bambini* ein, das zum täglichen Begrüßungslied während der Projektwoche wurde:

1. *Buongiorno bambini, ...*   1. Guten Morgen, Kinder, ...
2. *Buongiorno maestra, ...*   2. Guten Morgen, Lehrerin, ...
3. *Cantiamo insieme, ...*   3. Wir singen zusammen, ...
4. *Giochiamo insieme, ...*   4. Wir spielen zusammen, ...
5. *Saltiamo insieme, ...*   5. Wir springen zusammen, ...
6. *Balliamo insieme, ...*   6. Wir tanzen zusammen, ...
7. *Studiamo insieme, ...*   7. Wir lernen zusammen, ...
8. *Battiamo le mani, ...*   8. Wir klatschen in die Hände, ...

Beim Thema „Weihnachtsbräuche in Italien" stellten wir das Brauchtum rund um *La Befana* in den Mittelpunkt, weil uns diese Tradition besonders typisch und kindgemäß erschien.

Als Einstieg wählten wir die Kassette „Befana und der Hexenbesen" (HUESLER 1992): Zwei deutsche Waldhexen machen sich auf den Weg nach Italien, um die Befana zu suchen, denn nur sie kann zerbrochene Hexenbesen reparieren. Nach einem langen, abenteuerlichen Weg erreichen sie ihr Ziel und helfen *La Befana* bei der Bescherung der italienischen Kinder. Das Besondere an diesem Hörspiel ist, dass die Akteure in ihrer jeweiligen Landessprache reden. Die Kinder müssen die Bedeutung des Gesprochenen aus dem Kontext ableiten: eine Aufgabe, die zwar durch die kindgemäße und emotionale Beteiligung herausfordernde Konzeption des Hörspiels erleichtert wird, aber doch voraussetzt, sich auf Fremdes einzulassen. In unserer Projektgruppe fühlten sich die Kinder durch die italienisch gesprochenen Passagen eher herausgefordert als verwirrt. Das Eintauchen in eine andere Sprache und Kultur geschah spielerisch und selbstverständlich. Ein passendes Ausmalbild, das wir auf Wunsch der Kinder als Unterstützung zum besseren Zuhören bereitgestellt hatten, wurde größtenteils vergessen. Einige der Zaubersprüche und Zählreime faszinierten besonders und waren durch ihre Wiederholung und Rhythmisierung schnell gelernt. Der erste Reim, der sich einprägte, lautete (HUESLER 1992, Begleitheft, S. 22):

> *Uno due tre*
> *spaghetti patate caffè*
> *spaghetti patate caffè caffè*
> *uno due tre*

Daran schloss sich der Wunsch an, die italienischen Zahlen von 1–10 (*uno due tre quattro cinque sei sette otto nove dieci*) zu lernen.

Nach dem Hören der Geschichte „Befana und der Hexenbesen" konnten die Kinder schon viel über Weihnachtsbräuche in Italien erzählen. Die Lehrerin fasste zusammen und ergänzte den Rest.

An einer Befana-Stabpuppe (vgl. Abbildung auf der nächsten Seite) konnten anschließend wichtige Dinge wieder erkannt, benannt und zugeordnet werden.

Danach waren alle gut gerüstet, um zu versuchen, auch einen schwierigeren italienischen Reim zu lernen, den die deutschen Waldhexen im Hörspiel mehrmals aufgesagt hatten (HUESLER 1992, Begleitheft S. 28):

> *La befana vien di notte*
> *con le scarpe tutte rotte,*
> *con le toppe alla sottana,*
> *vecchia, vecchia la befana.*

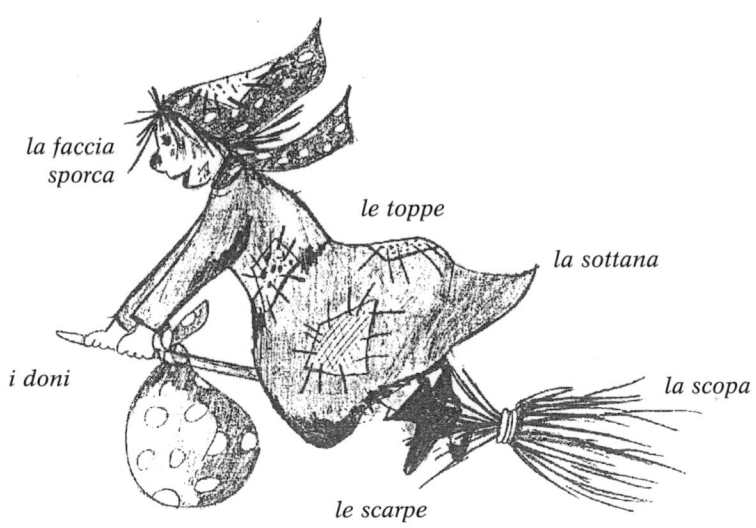

la faccia sporca

le toppe

la sottana

i doni

la scopa

le scarpe

Unterstützt von der Kassette wurde nun das Befana-Lied gesungen, das durch den ansprechenden Text und die schwungvolle Melodie begeisterte (HOFF-MANN/EHLERS-JUHLE 1994, S. 98 f.).

Für das Basteln einer Stabpuppe boten wir eine einfache und eine aufwändigere Variante an. Wenn das Kostüm genäht werden soll (und unserer Erfahrung nach bevorzugen Jungen und Mädchen diese schwierige Arbeit), müssen allerdings genug Helferinnen zur Verfügung stehen.

Zur stimmungsvollen Dekoration des Klassenraumes hatten die Kinder aus dem Bastelangebot einen Kerzenleuchter ausgewählt, den sie in Partnerarbeit herstellten. Die schriftliche Bastelanleitung wurde zweisprachig angeboten, um die Normalität und Gleichwertigkeit der beiden Sprachen sichtbar zu machen. Erklärt wurden die einzelnen Arbeitsschritte allerdings auf Deutsch. Die im italienischen Original beschriebene symbolträchtige Bedeutung des *candeliere originale* wurde kurz vorgestellt (Orange = Weltkugel, Spieße mit Erdnüssen, Rosinen, Kirschen = die vier Jahreszeiten, Kerze = Licht der Welt/Jesuskind). Der Vergleich mit einem typisch deutschen Kerzenleuchter (aus einem Apfel, einer Kerze und Tannengrün) kann zu einem Exkurs über Klima und Vegetation in Italien und anderswo genutzt werden.

Bevor die Kerzen entzündet werden durften, sang die Lehrerin mit den Kindern ein einfaches, aber ausdrucksstarkes Rondo (OLIOSO: UN ANNO). Übersetzung: Zünde das Licht an – Zünde dein Licht an – das Licht der Güte – Fröhliche Weihnachten oder wörtlich übersetzt: Gutes Geburtsfest. Beides zusammen – der Rundgesang und das Anzünden der Kerzen – sind sehr eindrucksvoll.

Das Weihnachtslied *Bambino nella culla*, das wir ausgesucht hatten, ist vom Textumfang für das Mitsingen zu anspruchsvoll, eignet sich aber gut zum

Wiedererkennen der italienischen Zahlen und zum Einprägen einiger ständig wiederholter Wörter (MARCONDIRONDELLO 1994, S. 50 f.). Es ist ein sehr stimmungsvolles Lied, das die Kinder gerne hörten und bei dem sie die Zahlen zeigen und den Inhalt der Strophen erklären konnten. Anhand eines dazu passenden Arbeitsblattes konnten darüber hinaus die italienischen Zahlen von 1–10 zugeordnet und geübt werden. Von diesem freiwilligen Angebot machten fast alle Kinder Gebrauch, denn bei den meisten bestand ein großes Interesse an der Vertiefung der Spracharbeit und einer Erweiterung ihrer Kompetenzen, die mit einem Gefühl des Könnens und Beherrschens einhergingen.

Das klassische Weihnachtsgebäck, der *panettone*, ist kaum umzusetzen und auch nicht jedermanns Geschmack. (Viele Kinder mögen keine Rosinen und keine Succade.) Deshalb sollte man eine Backmischung nutzen oder einen *panettone* kaufen. Während alle ein Stück probieren, kann man die Geschichte dieses berühmten Weihnachtsgebäcks erzählen (RAA DORTMUND 1993):

> Es ist das Jahr 1495. Um Weihnachten zu feiern, lädt Ludovico il Moro, der Herrscher von Milano, alle wichtigen Personen zu einem großen Abendessen auf sein Schloss ein. Das Bankett dauert nun schon einige Stunden und gerade jetzt ist der Moment gekommen, das „Dessert" (wie wir das heute nennen) zu servieren. Da sieht der Chefkoch, dass die mit großer Sorgfalt zubereiteten Nachspeisen angebrannt sind.
> Allgemeine Verzweiflung: Das kann den Kopf des Kochs und seiner Helfer kosten. Ein junger Mann mit Namen Toni, Helfer in der Küche, der in die Tochter des Kochs verliebt ist, kommt her und sagt, dass er für sich und das Personal eine süße Burg aus Brot mit Weintrauben und kandierten Früchten gebacken habe, und bietet sie dem Koch an. Der Koch serviert dieses Brot an Stelle der angebrannten Süßspeisen. Das Brot des Toni (*pan de Toni*) kommt auf die Tafel des Herrschers und alle finden es hervorragend.
> Seitdem feiern die Milaneser Weihnachten mit dem *panettone*. Selbstverständlich heiratet Toni die Tochter des Chefkochs und sie leben viele Jahre glücklich und zufrieden zusammen.

Eine andere Version findet man in „Weihnachtserzählungen aus europäischen Mittelmeerländern" (ERNÉ 1996).

Für die eigene Backaktion eignet sich das Rezept für Weihnachtssterne oder *Stelle di Natale* besonders gut, weil es in Kleingruppen (vier Kinder = ein Rezept) unter Mithilfe von Erwachsenen problemlos und weitgehend selbstständig umgesetzt werden kann. Außerdem sind die fertigen Plätzchen ausgesprochen lecker und sehen prächtig aus.

Wenn man den Aufwand nicht scheut und entsprechende Voraussetzungen hat, lassen sich auch Krachmandeln (*Mandorla Spaccarella*) gut zubereiten (DIRX/SACK 1997). Auf Weihnachtsmärkten verbreiten sie einen verführerischen Duft und in Tüten verpackt sind sie ein attraktives Geschenk.

Für die Feier mit den Eltern hatten die Kinder den Klassenraum liebevoll geschmückt: Die Befana-Puppen steckten in den Blumenkästen, der Ausstellungstisch gab viele Hinweise auf italienische Lebensart, der Adventskalender bestand aus aufgehängten Strümpfen, die Kerzenleuchter (die die Kinder zusätzlich mit einer Menge deutscher und italienischer Fähnchen bestückt hatten) sorgten für weihnachtliche Stimmung und die Plätzchen mit den leuchtend roten Kirschen waren auf Tellern dekoriert worden.

★ Programm für den Elternnachmittag

1. *Buongiorno bambini*
2. Erzählen von *La befana*
3. Aufsagen der Sprüche mit Übersetzung
4. Bedeutung des Kerzenhalters
5. *Accendi la luce*
6. Wir können auf Italienisch von 1 bis 10 zählen.
7. *Bambino nella culla*
8. *Buon appetito!*
9. und *Arrividerci! Ciao!*

Materialübersicht

★ **Lieder:**
 – *Accendi la luce*
 – *Bambino nella culla*

★ **Rezepte:**
 – *Stelle di Natale* (Weihnachtsplätzchen)

★ **Bastelanleitungen:**
 – *La Befana* (Stabpuppe)
 – *Candeliere originale*

★ **Texte/Sonstiges:**
 – Brauchtum und Reime rund um die *Befana*
 – *Contiamo* – Wir zählen

La Befana

La Befana ist eine liebe, alte Hexe, die in der Nacht zum 6. Januar von Haus zu Haus fliegt und die italienischen Kinder beschenkt.

Durch die Kamine oder Türen gelangt La Befana in die Wohnungen, um ihre Gaben in die bereitgestellten Schuhe oder Strümpfe zu füllen. „Artige" Kinder bekommen Süßigkeiten und Spielsachen, den weniger artigen hinterlässt die Weihnachtshexe ein Stück Kohle.

La Befana vien di notte
con le scarpe tutte rotte,
con le toppe alla sottana,
vecchia, vecchia la Befana.

Die Befana kommt in der Nacht
mit ganz kaputten Schuhen,
mit Flicken auf dem Rock,
alt, alt ist die Befana.

La Befana vien di notte
con le scarpe tutte rotte,
con le toppe alla sottana –
brutta e sporca,
la Befana.
Uno, due, tre,
tocc 'a te.

La Befana kommt in der Nacht
mit ganz kaputten Schuhen,
mit Flicken auf dem Rock –
hässlich und schmutzig,
die Befana.
Eins, zwei, drei,
du bist an der Reihe.

La Befana vien di notte
con le scarpe tutte rotte.
Se ne compra un altro paio
per venire al sei gennaio.

Die Befana kommt in der Nacht
mit ganz kaputten Schuhen.
Sie kauft sich kein anderes Paar,
um am 6. Januar zu kommen.

La Befana als Stabpuppe

Arbeitsschritte:

1. Stecke die Holzkugel fest auf den Holzstab!
2. Klebe eine halbe Wattekugel als Nase auf!
3. Male der Befana ein typisches Gesicht!
4. Schneide Haare zurecht und klebe sie mit dem Spezialkleber an!
5. Für die Arme brauchst du einen Pfeifenputzer. Wickle den Pfeifenputzer um den Holzstab und sorge mit Hilfe von Klebeband dafür, dass er nicht verrutscht!
6. Stecke auf beide Enden Wattekugeln als Hände und male sie an!

Nun kann die Befana eingekleidet werden. Du hast die Wahl zwischen einem einfach herzustellenden Kleid und einer schwierigeren Näharbeit.

Für das einfache Kleid brauchst du zwei Stoffquadrate. Auf den folgenden Bildern siehst du, wie man daraus eine Bluse und einen Rock machen kann:

Für das schwierige Hexenkleid brauchst du auch zwei Stoffquadrate und ein Schnittmuster.

Arbeitsschritte:
1. Schneide das Schnittmuster aus!
2. Stecke es mit Stecknadeln auf einem Stoffquadrat fest!
3. Male mit einem Filzstift drumherum und übertrage das Schnittmuster so auf den Stoff!
4. Mache das mit dem anderen Stoffquadrat noch einmal genauso!
5. Du kannst nun Stoffflicken ausschneiden und auf die beiden Kleiderhälften mit Stoffkleber aufkleben oder aufnähen.
6. Nähe anschließend die beiden Hälften an den Seiten zusammen!
7. Wenn du die Holzkugel abnimmst, kannst du deiner Hexe das Kleid anziehen.

Für das Kopftuch musst du ein dreieckiges Stoffstück ausschneiden und mit Flicken bekleben. Zum Schluss kannst du die Befana nach eigenen Vorstellungen ausgestalten.

Was hat sie dabei?
★ einen Besen
★ einen Sack
★ Geschenke oder
★ Kohlenstückchen?

Un candeliere – ein Kerzenleuchter

Ti occure:
- ★ *un' arancia*
- ★ *una candela*
- ★ *nastro rosso*
- ★ *quattro bastoncini da cocktail*
- ★ *arachidi (col guscio)*
- ★ *uvette e ciliegine*

Du brauchst:
- ★ eine Apfelsine
- ★ eine Kerze
- ★ rotes Schleifenband
- ★ vier Cocktail-Spieße
- ★ Erdnüsse (mit Schale)
- ★ Rosinen und
  kandierte Kirschen

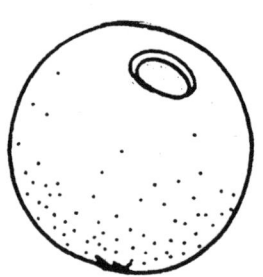

1. Bohre in die Mitte einer Apfelsine ein Loch von der Größe einer Kerze!
   Al centro dell'arancia fai un buco della misura della candela.

2. Stecke die Kerze in das Loch und sorge dafür, dass sie fest steht!
   Infila la candela nel buco e verifica che stia ben salda.

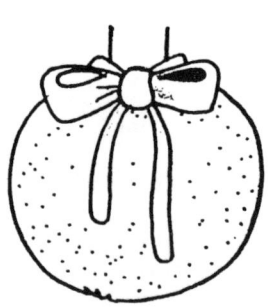

3. Binde eine rote Schleife um die Kerze!
   Annoda un fiocco rosso attorno alla candela.

4. Spieße die Früchte und die Erdnüsse auf Cocktail-Spieße und stecke sie in die Apfelsine!
   Infila la frutta e le arachidi nei bastonici da cocktail e conficcali nell'arancia.

Accendi la luce
Zünde das Licht an

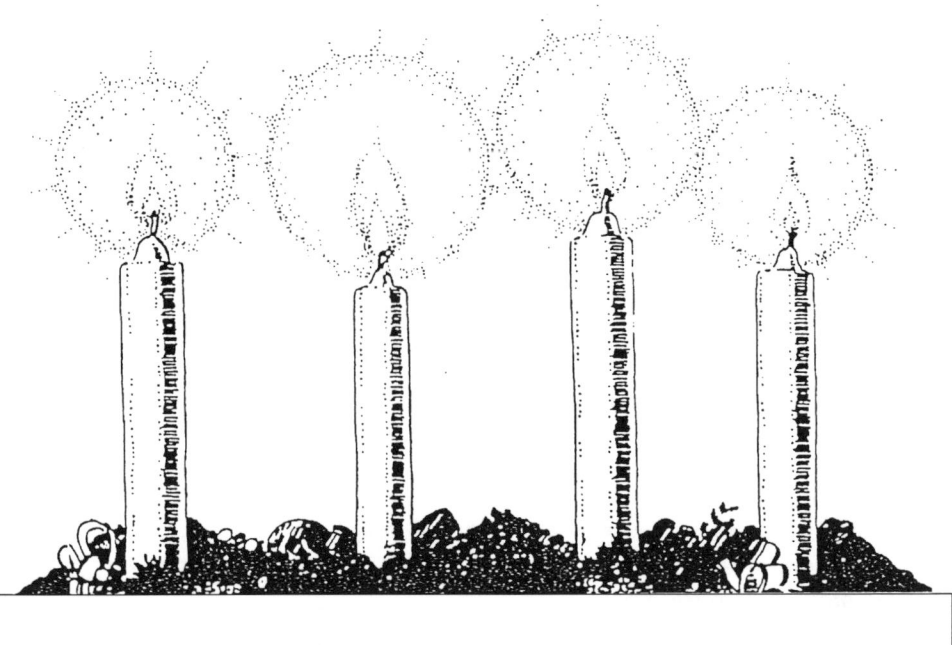

	D	G	D	G	D	G	D
1° coro:	*Clic*	*clic*	*clic*	*clic*	*clic*	*clic*	*clic*

	D	G	D	G
2° coro:	*Accendi la luce*		*accendi la luce*	

	D	G	D	G
3° coro:	*Accendi la tua luce*		*accendi la tua luce*	

	D	G	D	G	D	G
4° coro:	*della bontà*		*della bontà*		*della bontà*	

	D	G	D	G	D	G
5° coro:	*Buon Natale*		*Buon Natale*		*Buon Natale*	

Le Stelle di Natale – Weihnachtssterne

Zutaten:
250 g Mehl
1/2 Päckchen
Backpulver
125 g Butter
100 g Zucker
1 Päckchen
Vanillezucker
1/2 Päckchen
Zitronenzucker
1 Ei und
1 Eigelb

Ingredienti:
250 g. di farina
1/2 pacchetto
di lievito in polvere
125 g di burro
100 g di zucchero
1 pacchetto di
zucchero vanigliato
1/2 pacchetto di
zucchero di limone
1 uovo e 1 tuorli
d'uovo

Ecco una ricetta semplice che puoi realizzare facilimente.
Hier ein einfaches Rezept, das du leicht umsetzen kannst.

★ *Impasta in un recipiente gli ingredienti.*
★ *Metti questo composto per 1/2 ora nel frigorifero.*
★ *Stendi la pasta (spessore: 2 mm).*
★ *Fai le stelle con le formine.*
★ *Metti le stelle in una teglia e aggiungi mandorle e ciliegine.*
★ *Fai cuocere nel forno a 200° C per 10 minuti.*

gli ingredienti

★ Verknete die Zutaten in einer Schüssel.
★ Stelle diese Mischung für eine 1/2 Stunde in den Kühlschrank.
★ Rolle den Teig aus (Dicke: 2 mm).
★ Steche die Sterne mit den Förmchen aus.
★ Lege die Sterne auf ein Backblech und füge Mandeln und Belegkirschen hinzu.
★ Backe die Plätzchen im Ofen bei 200° C (10 Minuten).

il recipiente

il frigorifero

le formine

la teglia

il forno

Bambino nella culla

U - no, u - no bambi-no nel-la cul-la la luna e il sol chi ha creato il

mon - do è sta - to il Si - gnor è sta - to il Si - gnor.

Für alle anderen Strophen:

1 *Uno, uno, bambino nella culla*
la luna e il sol
chi ha creato il mondo è stato il Signor
è stato il Signor.

2 *Due, due, l' asino e il bue*
bambino nella culla
la luna e il sol
chi ha creato il mondo è stato il Signor
è stato il Signor.

3 *Tre, tre, i Santi tre Re Magi ...*

4 *Quattro, quattro, i quattro Evangelisti ...*

5 *Cinque, cinque, i cinque precetti ...*

6 *Sei, sei, i sei gatti della Madonna ...*

7 *Sette, sette, i sette Sacramenti ...*

8 *Otto, otto, gli otto porton di Roma ...*

9 *Nove, nove, i nove Cori angelici ...*

10 *Dieci, dieci, i dieci Comandamenti ...*

1 Ein, ein Kind in der Krippe,
der Mond und die Sonne,
der, der die Welt erschaffen hat,
ist unser Herr, ist unser Herr.

2 Zwei, zwei, der Esel und der Ochse,
das Kind in der Krippe,
der Mond und die Sonne,
der, der die Welt erschaffen hat,
ist unser Herr, ist unser Herr.

3 Drei, drei, die heiligen drei Könige ...

4 Vier, vier, die vier Evangelisten ...

5 Fünf, fünf, die fünf Regeln ...

6 Sechs, sechs, die sechs Katzen
der Madonna ...

7 Sieben, sieben, die sieben Sakramente ...

8 Acht, acht, die acht Tore Roms ...

9 Neun, neun, die neun Engelschöre ...

10 Zehn, zehn, die zehn Gebote ...

uno: *bambino nella culla*

due: *l asino e il bue*

tre: *i Santi tre Re Magi*

quattro:

cinque:

sei:

sette:

otto:

nove:

dieci:

Aufgabe: Male zu jeder Zahl weihnachtliche Motive in der passenden Anzahl!

Beispiel: *quattro*: ✫✫✫✫ oder

Frage dann deine Lehrerin nach der italienischen Übersetzung oder schaue selbst im Lexikon nach!

Spanien

Feliz Navidad y próspero Año Nuevo

Den Heiligen Abend – oder besser gesagt die Gute Nacht (*el Nochebuena*) – verbringen die Spanier in der Regel im Kreise der Familie. Man isst und singt *villancicos* (alte Weihnachtslieder) vor der Krippe, die als Weihnachtssymbol ähnlich wie in Italien eine zentrale Rolle spielt. Was das Essen angeht, wird während der Weihnachtsfeiertage an nichts gespart. Zu einem traditionellen Festmenü gehören selbst im Innern der Halbinsel Fisch und Meeresfrüchte, die heute teuer bezahlt werden müssen. Auch süße Köstlichkeiten – in der Mehrzahl unter Verwendung von Mandeln nach alten Rezepturen hergestellt – dürfen nicht fehlen.

Zu den bekanntesten Spezialitäten zählen:

mazapán	Marzipan aus Mandeln und Zucker in der Form von Fischen, Früchten, Glocken o. Ä.
mantecada	feines, mit Puderzucker bestreutes Butterbisquit im Papierförmchen
polvorón	einzeln abgepackte, pulvrige Süßigkeit aus Mehl, Schmalz und Mandeln
rosco	fritierter Kringel, oft mit Mandeln, Anis, Zimt oder Sesam aromatisiert
yema	Konfekt aus Eidotter und Zucker, in Puderzucker gewälzt oder karamelisiert

Aber vor allem wäre Weihnachten unvorstellbar ohne *turrón*, einer Delikatesse arabischen Ursprungs aus Mandeln und Honig, die schon seit Jahrhunderten in der Weihnachtszeit verschenkt und gegessen wird und von der der Durchschnittsspanier in dieser Zeit mühelos ein halbes Kilo verspeist.

Nach dem gemeinsamen Abendessen treffen sich Erwachsene und Kinder auf den Straßen. Man feiert fröhlich und ausgelassen und besucht um Mitternacht die *Misa del Gallo* (die Messe vor dem Krähen des Hahnes), die häufig mit Kerzenprozessionen, großen Feuern und Weihnachtsspielen verbunden ist. Wie in vielen Privathäusern findet man auch in nahezu jeder Kirche eine kunstvoll gestaltete Krippe und es ist Brauch, das Christuskind zu küssen, bevor man das Gotteshaus verlässt. Nach der Messe trifft man sich erneut und bis in den frühen Morgen wird gegessen, getrunken, getanzt und Musik gemacht. Dass Weihnachten in Spanien ein fröhliches, ausgelassenes Fest ist, spiegelt sich in den Weihnachtsliedern wider. Die Melodien sind eher leicht und schwungvoll, die Texte erzählen häufig von lustigen Ereignissen rund um die Geburt Christi oder von Alltagsbegebenheiten. Rhythmisch unterstützt werden die Gesänge durch besondere Instrumente. Typisch (zumindest in den Regionen südlich von Madrid) ist die *zambomba*, eine Rührtrommel mit schnarrendem Stock – aber auch *panderetas* (Tambourine), Gitarren, Rasseln, Pfeifen oder Dudelsäcke (im Norden der Halbinsel) kommen zum Einsatz. Dass Kinder und Jugendliche musizierend durch die Straßen ziehen, ist nicht mehr weit verbreitet. Auf dem Land, wo traditionsbewusster gefeiert wird, gehen allerdings immer noch Kinder von Haus zu Haus und ersingen sich ihr *aagiunaldo*, ihr Weihnachtstaschengeld.

Viele Spanier bekommen zu Weihnachten im Betrieb einen Präsentkorb mit Produkten der einheimischen Gastronomie. Ansonsten ist das gegenseitige Beschenken unter Erwachsenen eher unüblich. Auch die Kinder erhalten am Weihnachtsabend nur kleine Geschenke. Sie müssen sich noch etwas gedulden und auf die Heiligen Drei Könige warten. Am 5. Januar treffen die drei Weisen mit dem Schiff aus Holland ein und ihre Ankunft wird mit großem Pomp gefeiert und sogar im Fernsehen übertragen. In vielen Städten wird dieser Tag mit einem großen Umzug (*Cabalgata de Reyes*) gefeiert. Die Könige (Melchior: Purpurmantel mit Hermelinbesatz; Balthasar: grüne orientalische Kleidung; Caspar: Turban und Pluderhose) ziehen mit großem Gefolge auf Kamelen, Pferden oder prächtig verzierten Wagen durch die von Menschenmengen gesäumten Straßen. Begleitet werden sie von den *negres d'escala*, den Leiternegern, die unterwegs helfen, die Geschenke zu verteilen. Mit einer riesigen Leiter können sie selbst die höchsten Balkone erklettern. Die Kinder, die am Vorabend ihre Schuhe nach draußen gestellt und Heu für die Kamele daneben gelegt haben, werden in Erinnerung an die drei Weisen aus dem Morgenland, die dem Jesuskind Geschenke brachten, am 6. Januar von den Heiligen Drei Königen beschenkt.

		Möglicher Projektablauf		

Montag	Dienstag	Mittwoch	Donnerstag
Rekapitulation der Weihnachts-geschichte	Basteln einer ※ Krippe im Karton ※ einer Krone ※ eines Musik-instrumentes	Fortsetzung der Bastelarbeiten	Backen spanischer Weihnachts-leckereien: ※ Mandelplätzchen ※ Andalusische Kringel
Deutsche Bräuche zum Dreikönigstag	※ Basteln weiterer Instrumente ※ Gestalten eines Transparentbilds (Krippe) ※ Freiarbeit: Materialtisch	Lied *Gatatumba*	Gemeinsame Planung des Elternnachmittags
Wie in Spanien Weihnachten gefeiert wird (Lehrervortrag)	Gestaltung einer Einladung zum Elternnachmittag (Karte)	Lied *Tan tan*	Schmücken des Klassenzimmers
Einführung in den Arbeitsplan (s. Dienstag)	Vorlesebuch	Vorlesebuch	Vorlesebuch
Beginn der Bastelarbeiten			
Vorlesebuch „Drei Kinder und ein Stern" von Rinser			

Nach dem Zusammentragen von Informationen über Spanien erzählte die Lehrerin den Kindern anhand von Atlanten und Bildbänden Wissenswertes über „Land und Leute", berichtete von typischen Weihnachtsbräuchen und stellte das Projektthema vor. Im Mittelpunkt der eigentlichen Arbeit sollten die Heiligen Drei Könige und das Singen und Spielen von *villancicos* stehen. Den fremdsprachlichen Anteil hatten wir gering gehalten, weil wichtige Voraussetzungen fehlten. Wenn entsprechende Kompetenzen verfügbar sind oder auf fachmännische Unterstützung zurückgegriffen werden kann, lässt sich das Programm natürlich problemlos erweitern und anspruchsvoller gestalten. Unsere Konzeption eignet sich am besten für die 2. und 3. Klassenstufe.

Ideal zum Thema und zur Gruppe passte unserer Meinung nach das Buch *Drei Kinder und ein Stern* (RINSER 1995), aus dem am Ende eines jeden Tages vorgelesen wurde. Das Buch erzählt in ansprechender, kindgemäßer Form von den Kindern der Heiligen Drei Könige. Die Söhne von Balthasar und Melchior und die kleine schwarzhäutige Kaspierina beschließen, jeder für sich, ihren Vätern heimlich zu folgen. Unterwegs treffen sie aufeinander und nach anfänglicher Befremdung freunden sich die drei über Rassen-, Geschlechts- und Sprachunterschiede hinweg an und folgen dem gemeinsamen Ziel, dem Stern von Bethlehem. Diese Geschichte ist eine Metapher für das, was wir den Kindern nahe bringen wollten und transportiert diese Inhalte auf eine Weise, die ohne moralischen Zeigefinger und Appelle auskommt.

Zunächst wurde jedoch an Bekanntes angeknüpft und die Weihnachtsgeschichte gemeinsam mit den Kindern rekapituliert. Anschließend erzählten die Kinder von deutschen Bräuchen zum Dreikönigstag, berichteten über Erlebnisse als Sternsinger und fanden im Lesebuch ein passendes Gedicht, das einige gleich lernen wollten. Nachdem die Lehrerin genauer über spanische Weihnachtsbräuche informiert hatte, gab sie nach den jeweiligen Einführungen einen Arbeitsplan mit verbindlichen und freiwilligen Aufgaben aus, weil diese Organisationsform der Gruppe entsprach und entgegenkam. Zu den Pflichtaufgaben gehörten neben der Gestaltung einer Krippe im Karton das Basteln einer Krone und eines Musikinstrumentes. Angebote für Freiwillige bestanden im Herstellen weiterer Instrumente, dem Ausmalen eines Leinölbildes, einer Krippe (Persen Kopiervorlagen) und der Nutzung verschiedener Spiele (z. B. Puzzles, Spanien-Quartette, Memory), Bücher und Kassetten, die wir für jede Projektgruppe als Freiarbeitsmaterialien zusammengestellt hatten. Typisch spanische Instrumente wurden den Kindern zwar vorgestellt, aber für den eigenen Instrumentenbau hatten wir Trommeln und Rasseln ausgewählt, die sich leicht herstellen lassen und deren Material einfach zu beschaffen ist. Für die Umsetzung nutzten wir das Buch „Musikinstrumente mit Kindern bauen und spielen" (KLEIN 1991).

Der dritte Tag begann mit einer Fortsetzung der Bastelarbeiten. Anschließend sollten die Kronen und die Instrumente zum Einsatz kommen und typische spanische *villancicos* einstudiert werden. Wir hatten vier Weihnachtslieder vorgeschlagen. Alle zeichneten sich durch geringen Textumfang, schwungvollen Rhythmus, mitreißende Melodien und einfache Begleitung aus. Die Gruppe entschied sich für *Gatatumba* (RAA DORTMUND) und *Tan tan* (FUCHS/GUNDLACH 1981, S. 43), zwei Lieder, die kassettenunterstützt vorgetragen werden konnten. Zur Präsentation wollten die Kinder ihre Eltern gern schriftlich einladen. Nachdem gemeinsam der Text formuliert worden war, suchten sie sich aus einer Reihe von Vorschlägen eine Klappkarte aus, die sie bei spanischer Hintergrundmusik liebevoll gestalteten.

Für den vierten Tag standen das Backen, das Schmücken des Klassenraumes und die Planung der Feier auf dem Programm. Die klassische spanische Weihnachtssüßigkeit ist *turrón* (HOFFMANN/EHLERS-JUHLE 1994, S. 97). An dieses Rezept sollte man sich allerdings mit Kindern nicht heranwagen. Falls kein Elternteil diese Gaumenfreude beisteuern kann, sollte man sie kaufen, man findet sie heute in jedem größeren Lebensmittelgeschäft. Ein für Kinder leichter umzusetzendes Gebäck sind spanische Mandelplätzchen. Allerdings mussten wir auch dieses Rezept verändern, um ein Gelingen zu garantieren.

Die andalusischen Kringel zu backen, war dagegen „ein Kinderspiel" und zusätzlich von dem Erfolgserlebnis gekrönt, dass in kurzer Zeit wahre Unmengen des leckeren Gebäcks zu Stande kamen.

Für die Feier mit den Eltern wurde der Klassenraum geschmückt und alle Bastelarbeiten wurden hübsch arrangiert.

★ **Programm für den Elternnachmittag**

1. Einzug der Könige
2. Gedicht: Die heil'gen drei Könige
3. *Gatatumba* mit instrumentaler Begleitung
4. Spanische Weihnachtsbräuche – frei erzählt
5. *Tan tan* mit instrumentaler Begleitung
6. Krippenschau
7. *Buen apetito!*

Materialübersicht

★ **Lieder:**
 – *Gatatumba*
 – *Tan tan*
 – *Zumba, zumba*

★ **Bastelanleitungen:**
 – Eine Krippe im Karton
 – Kronen für die Könige
 – Klappkarte: Einladung

★ **Rezepte:**
 – Mandelplätzchen
 – Andalusische Kringel

Eine Krippe im Karton

Die Krippe spielt in Italien und Spanien eine besonders große Rolle.
Du kannst aus Flaschenkorken alle Figuren und Tiere basteln.

Dazu brauchst du: Flaschenkorken, Schere,
Klebstoff, Stecknadeln,
Buntpapier, Filz,
Watte, Zahnstocher,
Perlen, Wattekugeln,
Streichholzschachtel,
Schuhkarton,
Steine und Stroh

Zuerst klebst du je eine Wattekugel
auf jeden Korken, die du während
des Trocknens mit einer Steck-
nadel feststeckst.

Die Kleider der Figuren bestehen aus Filz- oder aus Stoff-
resten. Du kannst den Stoff
direkt auf die Korken kleben.

Aus Filz kann man auch die
Arme und Hände ausschnei-
den und dann festkleben.

Die Heiligen Drei Köni-
ge machst du genauso
wie Maria und Josef.
Nur ziehst du sie präch-
tiger an. Du kannst
zum Beispiel Perlen
auf die Turbane kleben.

Für die Tiere musst du Tierköpfe aus
Karton ausschneiden und an den
Korken festkleben.
Schafe bekommen ein Fell aus
Watte; dem Ochsen und dem Esel
werden Beine aus Zahnstochern
in den Bauch gepiekt.

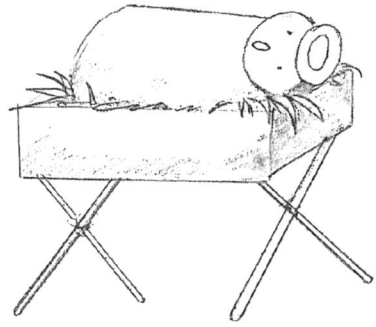

Das Jesuskind liegt in einer
Streichholzschachtelkrippe, die
von gekreuzten Zahnstochern
gehalten wird.

Der Stall von Bethlehem ist ein leerer Schuhkarton. Du kannst in die Seiten
Fenster schneiden, Steine aufs Dach legen und Stroh als Untergrund nehmen.

Kronen für die Heiligen Drei Könige

Melchiors Krone:

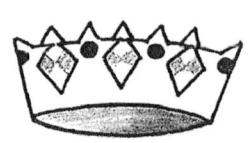
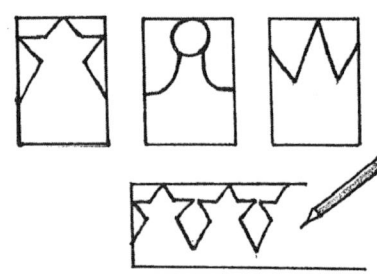

Für Melchiors Krone musst du zuerst aus Pappe eine Schablone mit den Zacken ausschneiden, die deine Krone bekommen soll. Zeichne die Umrisse dann mehrmals hintereinander auf einen Streifen goldenes Tonpapier (50 cm lang; 5 cm breit). Schneide den Streifen aus und schließe ihn zunächst mit Büroklammern. Jetzt kannst du die Krone deiner Kopfgröße anpassen und zusammenkleben. Natürlich darfst du sie auch noch prächtig verzieren.

Caspars Turban:

Nimm für Caspars Turban eins von den großen Tüchern (40 x 40 cm). Dieses Tuch wird um den Kopf geschlungen. Dazu musst du deinen Kopf nach vorne beugen und das Tuch verknoten. Das lange Ende wird nach hinten geschlagen und im Nacken befestigt. Als Schmuck kannst du eine „Brosche" aus Goldfolie, Federn, Glitzersteinen und Ähnlichem basteln und vorne befestigen.

Balthasars Krone:

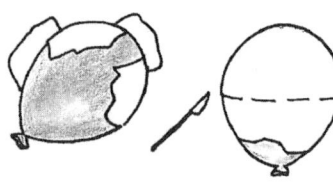
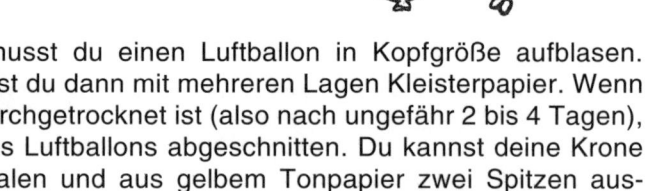

Für Balthasars Krone musst du einen Luftballon in Kopfgröße aufblasen. Diesen Luftballon beklebst du dann mit mehreren Lagen Kleisterpapier. Wenn das Kleisterpapier gut durchgetrocknet ist (also nach ungefähr 2 bis 4 Tagen), wird das untere Ende des Luftballons abgeschnitten. Du kannst deine Krone jetzt mit Goldfarbe anmalen und aus gelbem Tonpapier zwei Spitzen ausschneiden. Die Spitzen werden vorne und hinten an der Krone festgeklebt und können noch weiter verziert werden.

Tan, tan

Dreikönigslied aus Spanien

Tan, tan, van por el de - sier-to, tan, tan, Melchor y Ga - spar.

Tan, tan les guía un ne - gri-to, que todos le llaman el rey Bal-ta - sar.

Textübertragung (P. Fuchs):

1. Tan, tan, van por el desierto,
tan, tan, Melchor y Gaspar.
Tan, tan, les guía un negrito,
que todos le llaman el rey Baltasar.

Tan, tan, die Könige kommen,
tan, tan, Melchior und Kaspar.
Voran da führet ein Neger,
sie nennen ihn König Balthasar.

2. Tan, tan, detrás de un estrella,
tan, tan, que vieron brillar,
tan, tan, tan pura y tan bella,
que todos la siguen por ver dónde va.

Tan, tan, sie sehen ein Leuchten,
tan, tan, einen funkelnden Stern.
Er strahlt so hell durch die Nächte,
sie folgen ihm her aus weiter Fern.

3. Tan, tan, llegan a una cueva,
tan, tan, ¿quién vivirá allá?
Tan, tan, los tres Reyes Magos,
incienso, oro y mirra le van a llevar.

Tan, tan, sie kommen zur Höhle,
tan, tan, wer wohnet denn dort?
Die Könige finden das Kindlein
Und schenken ihm Weihrauch,
die Myrrhe, das Gold.

Auf der Platte singt die spanische Lehrerin, Frau Pérez, das Lied mit ihren Schulkindern. Ihr Gesang wird begleitet von einer *Zambomba* und von einer Flöte. Die *Zambomba,* die auch Brummtopf oder Reibtrommel genannt wird, seht ihr auf dem Bild. In Spanien werden die Kinder am Dreikönigstag beschenkt. Am Abend vorher stellen sie Heu, Nüsse und andere Wegzehrung für die Könige und ihre Tiere vor die Tür. Dann singen sie auch das Lied *Tan, tan.*

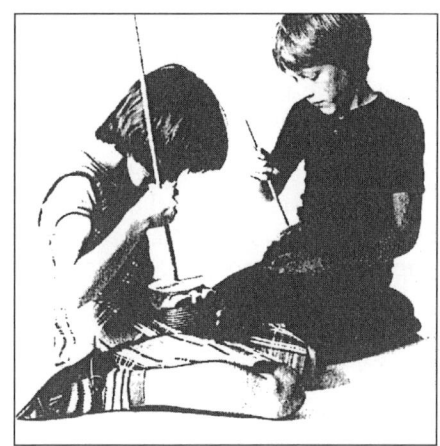

54 ☆

Gatatumba

Ga - ta - tum - ba, tum - ba, tum - ba, con pan - de - ros y so-

na - jas, ga - ta - tum - ba, tum - ba, tum - ba, no te

me - tas en la pa - jas. Ga - ta - tum - ba, tum - ba,

tum - ba, to ca`el pi - to`y le ra - bel: Ga - ta-

tum - ba, tum - ba, tum - ba, tam - bo - ril y cas - ca - bel.

1. *Gatatumba, tumba, tumba,*
   con panderos y sonajas,
   gatatumba, tumba, tumba,
   no te metas en la pajas.
   Gatatumba, tumba, tumba,
   to ca el pito y le rabel:
   Gatatumba, tumba, tumba,
   tamboril y cascabel.

2. Gatatumba, tumba, tumba,
   spielt Gitarren, spielt die Flöten!
   Gatatumba, tumba, tumba,
   spielt die Trommeln und Trompeten!
   Gatatumba, tumba, tumba,
   alles feiert, trinkt und lacht.
   Gatatumba, tumba, tumba,
   denn heut Nacht ist Weihnachtsnacht.

1. Gatatumba, tumba, tumba,
   alle tanzen, alle singen,
   gatatumba, tumba, tumba,
   und die Instrumente klingen,
   gatatumba, tumba, tumba,
   alles feiert, trinkt und lacht,
   gatatumba, tumba, tumba,
   denn heut Nacht ist Weihnachtsnacht.

3. Gatatumba, tumba, tumba,
   spielt die Pauken und die Geigen!
   Gatatumba, tumba, tumba,
   uns're Freude woll'n wir zeigen.
   Gatatumba, tumba, tumba,
   alles feiert, trinkt und lacht.
   Gatatumba, tumba, tumba,
   denn heut Nacht ist Weihnachtsnacht.

Zumba, zumba

Deutscher Text: Lieselotte Holzmeister

Refrain: Zum-ba, zum-ba, welch ein Sin-gen, zum-ba, zum-ba Weihnachts-zeit!

Zum-ba, zum-ba, welch ein Klin-gen! Wel-che Freu-de weit und breit.

Heut' ist der Heiland ge-boren, Trö ster und Ret-ter der Welt.

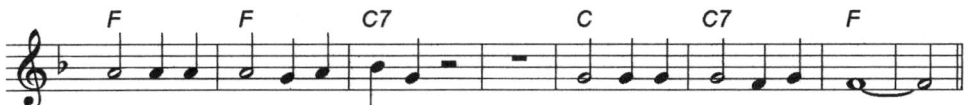

Er hat zum Heil uns er - ko ren, e - wig er Treu-e uns hält.

Refrain:
Zumba, zumba, welch ein Singen, zumba, zumba, Weihnachtszeit!
Zumba, zumba, welch ein Klingen! Welche Freude weit und breit.

1. Heut ist der Heiland geboren, Tröster und Retter der Welt.
   Er hat zum Heil uns erkoren, ewig er Treue uns hält.
   Zumba, zumba …

2. Jeder will ihm etwas bringen, ich aber hab nicht viel Geld;
   ich kann dem Kindlein nur singen, hoffen, dass es ihm gefällt.
   Zumba, zumba ...

3. Dass sich das Kindlein erfreute, spielten die Hirten ihm vor.
   Singt nun mit mir, liebe Leute, singt mit den Hirten im Chor.
   Zumba, zumba ...

Invitatión – Einladung

So kannst du eine kleine aufstellbare Weihnachtskarte
für eine Einladung herstellen:

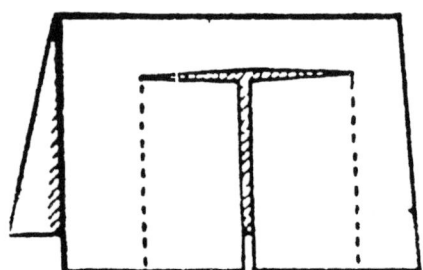

★ Nimm einen DIN-A5-Karton und knicke
ihn in der Mitte.

★ Zeichne in die Mitte der einen Hälfte ein
Quadrat.

★ Schneide mit dem Cuttermesser ein „T"
in das Quadrat, sodass zwei Türen entstehen.

★ Innen kannst du ein Krippenbild hineinzeichnen oder dieses Bild hineinkleben:

★ Über der Türe werden Strohhalme als Strohdach aufgeklebt. Türen und
Hauswände können außerdem bemalt werden.

★ Schreibt die Einladung
auf die Rückseite
der Klappkarte.

Roscos – Andalusische Kringel
Roscos backt man nicht alleine!

Das Rezept für die *roscos* kommt aus Andalusien, einer Region im Süden Spaniens. Dort werden dieses Kringel zu Weihnachten gebacken, und zwar in der Regel von mehreren und für zwei Familien, weil es viel Teig ist und man sich die Arbeit gut teilen kann: Einer formt die Bällchen, einer rollt sie, einer schneidet sie ein und einer backt sie aus. Am Ende werden die fertigen *roscos* zwischen den Familien aufgeteilt. Es macht Spaß, sie gemeinsam herzustellen, und genauso viel Spaß, sie zu essen!

Wenn ihr das Rezept in Gruppen (5–6 Kinder) nachmachen wollt, braucht ihr pro Gruppe folgende **Zutaten:**

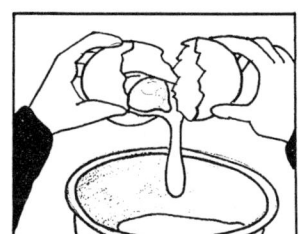

- 3 Eier
- 3 Eierschalen voll Milch
- 3 Eierschalen voll Öl
- 1$\frac{1}{2}$ Päckchen Backpulver
- 1 000 g Mehl
- 250 g Zucker
- 2 Päckchen Zitronenzucker

Und so wird 's gemacht:

★ Nehmt eine große Schüssel.
   Öffnet eins der Eier vorsichtig, so dass nur der Kopf abgeht, und ihr die restliche Schale als Meßbecher benutzen könnt. Schlagt dieses Ei und auch die anderen in die Schüssel.
   Füllt die Eierschale 3-mal mit Milch und 3-mal mit Öl und schüttet alles in die Schüssel.
   Nun kommen der Zucker und der Zitronenzucker hinzu.
★ Alles wird mit dem Mixer gut durchgerührt.
   Nach und nach gibt man das Mehl dazu, unter das man vorher das Backpulver gemischt hat.
   Wenn der Teig zu dick für den Mixer wird, muss man mit der Hand weiterkneten, bis man einen geschmeidigen Knetteig hat, der nicht mehr an den Händen kleben bleibt.
★ Einer nimmt von diesem Teig kleine Stücke und formt sie zu Bällchen.
   Einer rollt die Bällchen zu langen Röllchen aus.
   Einer fügt die Enden über Kreuz zusammen.
   Einer schneidet die Kringel rundherum mit einer Schere ein.
   Einer backt die Kringel in der Friteuse aus.
   Einer wälzt sie in Zimt und Zucker.

Buen apetito!

☆☆☆☆☆☆☆☆☆☆

Bollos Eulalia – Spanische Mandelplätzchen

Mandelplätzchen sind ein beliebtes spanisches Festgebäck.

Pro Gruppe (4 Kinder) braucht ihr folgende **Zutaten:**
125 g Mehl
1 Messerspitze Backpulver
125 g Zucker
125 g Butter
125 g gemahlene Mandeln
2 Eigelb
2 Esslöffel Kondensmilch
1 Prise Zimt
Als Unterlage: 24 runde kleine Oblaten
Zum Garnieren: 24 halbe Mandeln

Buen apetito!

Und so wird 's gemacht:
★ Mische alle Zutaten und knete daraus einen glatten Teig.
★ Stelle den Teig für 2 Stunden kalt.
★ Steche mit dem Teelöffel kleine Teighäufchen ab und setze sie auf die Oblaten.
★ Garniere jedes Häufchen mit einer Mandelhälfte.
★ Heize den Backofen vor.
★ Verteile die Plätzchen auf einem mit Backpapier ausgelegten Blech.
★ Backe die Plätzchen im Ofen (mittlere Schiene) bei 180° C
  (ca. 20 Minuten).
★ Bestreiche sie nach dem Backen mit erwärmter Aprikosenkonfitüre.

Russland

С Рождеством Христовым и с Новым Годом

In Russland mit seinen vielen verschiedenen Volksstämmen lassen sich keine landesweiten, einheitlichen Bräuche ausmachen. Einige Sitten können bis in die Zeit des Heidentums zurückverfolgt werden, andere entstanden auf dem Boden mittelalterlichen Volksaberglaubens, wieder andere haben sich durch den Einfluss des Christentums gewandelt oder sind rein christlichen Ursprungs.

Die meisten Menschen in Russland, die Christen sind, gehören der orthodoxen Kirche an, die Weihnachten erst am 6. und 7. Januar feiert, ein Datum, das auf den bis 1918 verwendeten julianischen Kalender zurückgeht. Unter der sozialistischen Regierung der früheren UdSSR lebten die christlichen Bräuche in verschiedener Form in den Familien weiter, waren allerdings nicht gerne gesehen.

Heute werden häufig der 31. Dezember und der 1. Januar ähnlich wie unser Weihnachtsfest, allerdings in etwas größerem Rahmen mit Verwandten und Freunden, teilweise auch Kollegen, begangen.

Schon 1852 wurde in St. Petersburg der erste, herrlich geschmückte Lichterbaum, die *jolka* (Neujahrstanne), aufgestellt. Dieser Brauch existiert auch heute noch in vielen Städten. Zu sozialistischen Zeiten wurde er an der Spitze mit einem roten Sowjetstern besteckt. Mittlerweile haben auch schon viele Familien in der Wohnung einen Weihnachtsbaum. Dieser Brauch wurde aus Deutschland importiert und hat vor allem seit dem „Großen Vaterländischen Krieg" (2. Weltkrieg) weite Verbreitung gefunden. In den Wochen vor Weihnachten basteln die Kinder zu Hause und in der Schule zahlreichen, bunten Weihnachtsbaumschmuck aus Perlen, Flitter, Gold- und Buntpapier. Außerdem wird der Baum mit bunten Kugeln, Zuckerwerk und Apfelsinen behängt. Mit viel Mühe näht man den Kindern Faschingskostüme und fertigt Masken an, mit denen sie auf den Neujahrsveranstaltungen in der Schule, in den Betrieben und zu Hause vor den Gästen auftreten. Für diese Feste lernen sie Gedichte und neue Lieder. Die Kinder der Gläubigen singen *koljádki*, d. h. liturgische Weihnachtslieder.

Draußen ist es meistens bitterkalt, der Frost lässt das Leben in der Natur erstarren, die Erde ist von einer dicken Schneedecke überzogen, Schneestürme verwehen die Straßen. Diese Witterungsbedingungen geben genug Stoff für viele Geschichten und Legenden, die abends in den Familien erzählt werden. Auch der Name des Weihnachtsmannes, Väterchen Frost, hat hier seine Begründung. Er kommt in der Nacht vom 31. Dezember auf den 1. Januar des neuen Jahres und beschenkt Kinder und Eltern reichlich. Zu Zeiten des Sozialismus wurden auch die Arbeiter bedacht, die sich im vergangenen Jahr am erfolgreichsten und eifrigsten bemüht hatten.

Väterchen Frost wird häufig von einem bildschönen Schneewittchen begleitet. Traditionell gehört aber eine verkleidete *Babuschka* dazu. Sie verteilt zusammen mit Väterchen Frost oder auch alleine die Geschenke an die Kinder aufgrund einer überlieferten Legende:

> ... die *Babuschka*, von der ich euch erzählen will, hat vor langer, langer Zeit gelebt. Sie wohnte in einer kleinen Hütte, irgendwo weit draußen, ganz allein.
>
> An einem kalten Wintertag, als es draußen tüchtig geschneit hatte, war die Babuschka in ihrem Häuschen gerade beim Großreinemachen. Die Stühle standen auf dem Tisch, und sie schrubbte den Fußboden. Da klopfte es plötzlich an ihre Tür. Sie stand auf, wischte sich die Hände an der Schürze ab und machte die Tür auf.
>
> Draußen standen drei Fremde in prächtigen Kleidern. Sie baten die *Babuschka*, sie möchte doch bitte mit ihnen kommen. Da drüben in dieser Richtung, sie zeigten nach einem hellen Stern, läge eine Stadt mit Namen Betlehem, dort wäre ein Kind geboren, ein besonderes Kind, das alle Welt erfreuen würde. Aber sie hätten den Weg verloren, und die *Babuschka* möchte ihnen doch helfen, den Weg zu finden.
>
> Die *Babuschka* traute den Fremden nicht so recht, diesen Menschen, die sie noch nie gesehen hatte. Außerdem hatte sie auch keine Lust, mitten in der Arbeit aufzuhören. Zudem war es draußen kalt, sie mochte ihre warme Hütte nicht verlassen.
>
> So gingen die Fremden alleine weiter. Aber als die gegangen waren, fand die *Babuschka* keine Ruhe mehr. Sie konnte auf einmal ihre Arbeit nicht mehr weitermachen, sie konnte auch nicht einschlafen. Schließlich machte sie sich auf den Weg, um die Fremden noch einzuholen und um das Kind zu finden.
>
> Aber inzwischen war neuer Schnee gefallen, der hatte die Spuren der Fremden zugedeckt. Die *Babuschka* lief und lief und suchte und suchte den Weg nach Betlehem, aber sie fand ihn nicht.
>
> Seitdem wandert sie über die Erde, um das Jesuskind zu suchen. Sie wandert heute noch, und auf ihrer Wanderung bringt sie allen Kindern Geschenke. Sie möchte an den Kindern wieder gutmachen, was sie an dem Jesuskind versäumt hat. Besonders lieb hat sie die kleinen Kinder, weil sie dabei immer an das neugeborene Kind denkt, das sie sucht und nicht findet.
>
> (DIRX/SACK 1995)

Wenn die Kinder ihre Geschenke ausgepackt und bewundert haben, wird ein festliches Weihnachtsessen serviert. Es besteht aus Störgerichten, einer mit Äpfeln gefüllten Gans, einem ebenfalls mit Äpfeln gefüllten Spanferkel in saurer Sahne mit Weizengrütze und vielen anderen Beilagen. Dazu wird Tee aus dem traditionellen russischen *Samowar* getrunken und natürlich viel Wodka.

Am späten Nachmittag nimmt man noch verschiedene gefüllte Piroggen zu sich und als Dessert eine Weihnachtsnusstorte.

Christliche Familien haben bereits vier Wochen vor dem Fest mit dem Weihnachtsfasten begonnen, um sich würdig auf den Empfang des Jesuskindes vorzubereiten. Sie gehen meist täglich in die Kirche und lesen eifrig Gottes Wort. Armen und Not leidenden Menschen lassen die Gläubigen reichlich Almosen zukommen. Außerdem kümmern sie sich in dieser Zeit intensiv um Einsame oder Kranke. Sie schließen sich zwar nicht von den Festlichkeiten der übrigen Bevölkerung aus, beschränken sich aber angesichts des Weihnachtsfastens auf ein gewisses Maß an Vergnügungen und Speisen. An den festlichen Empfängen, den *jolka*-Abenden in Schulen und Firmen, den Neujahrsspielen der Kinder und ähnlichen Veranstaltungen nehmen die christlichen Familien aber ebenso teil wie alle anderen auch (weitere Informationen vgl. JABLONSKI 1985).

Bis zum 13. Januar dauert die christliche Festzeit, die *swjátki*. Sie ist seit ältester Zeit nicht nur mit christlichen, sondern auch mit zahlreichen heidnischen Traditionen verbunden: das Sichverkleiden als wilde Tiere, Vögel oder Fabelwesen, das „Ziege-Spielen", aus Bohnen zu prophezeien, Zinn oder Wachs in Wasser zu gießen und die entstehenden wunderlichen Formen als zukunftsdeutend zu interpretieren, über Weidenruten weiszusagen, etwas der gefrorenen Erde abzulauschen. Ebenfalls von den Heiden übernommen sind so harmlose Volksbelustigungen wie Spazierfahrten, Volkstänze oder Feuerwerk. Der belorussische Name des Weihnachtsfestes, *kaljády*, hat sich aus dem slawischen Fest zu Ehren der heidnischen Gottheit *Kaljada* entwickelt.

Die *swjátki* enden mit dem Fest der Beschneidung des Herrn und dem Gedenken an den heiligen Basilius den Großen. Der Vorabend dieses Festes wird wieder mit einem üppigen Mahl gefeiert, weil sich die Vorstellung erhalten hat, dass das neue Jahr so wird, wie man ihm an diesem Abend begegnet. So wird bis tief in die Nacht hinein gegessen, getrunken, gelacht und getanzt.

Den möglichen Projektablauf finden Sie auf der nächsten Seite. Zu Beginn des Projektes gibt die Lehrerin den Kindern einen Einblick in das Leben der Menschen (insbesondere der Kinder), die Landschaft, die Städte, besondere Traditionen u. Ä. in Russland, den sie aus Reiseführern, Bildbänden, Filmen oder Dias zusammenstellt. Vielleicht leben im Einzugsgebiet der Schule auch russische Aussiedlerfamilien oder Familien aus der ehemaligen DDR, die häufig sehr gut über Russland informiert sind und viele traditionelle Gegenstände, wie *Samoware*, bunt bemalte Holzschalen, *Matroschka*s (Puppe in Puppe), o. Ä., mitbringen können. Sie würden sicherlich einer Einladung folgen, den Kindern aus dem russischen Alltag erzählen und auch im Gespräch sich entwickelnde oder im Vorfeld vorbereitete Fragen beantworten.

★ ★ ★ Möglicher Projektablauf ★ ★			
Montag	**Dienstag**	**Mittwoch**	**Donnerstag**
Informationen und Dias/Filme über Russland (Lehrervortrag, evtl. Einladung von russischen Aussiedlern)	Fortsetzung des Schmückens: 2. Schneekristalle aus Folie 3. Schneekristalle aus weißem Papier	Backen (in Gruppen): 1. *Piroggen* 2. Weihnachts- nusstorte 3. Alexander- Plätzchen	Vorstellung der Legende zur *Babuschka* (Lehrervortrag)
Einführung in die kyrillische Schrift: 1. Erläuterung des russischen Alpha- bets; 2. Schreiben des russischen Weihnachtsgrußes und/oder der Namen der Kinder	Vorlesen der Geschichte „Der Winterkönig"	„Übersetzung" einiger Begriffe aus den Rezepten in kyrillischer Schrift	Gestaltung eines Wandfrieses zur Legende
Gespräch über winterliche Witte- rungsbedingungen in Russland	Lernen des Liedes *Bajuschki Baju*	Zubereitung von Tee in *Samowaren*	Lernen des Liedes von der *Babuschka*
Winterliches Schmücken des Raumes mit Schneewolken	Betrachten des Bilderbuches: „Es klopft bei Wanja in der Nacht"	Vorlesen des Märchens „Der gestrenge Frost"	Generalprobe der Verklanglichung des Bilderbuches „Es klopft bei Wan- ja in der Nacht"
Vorlesen der Geschichte „Die kleine Tanne"	Verklanglichung des Bilderbuches	Verzehr einiger Backresultate mit Tee	Wiederholung der anderen gelernten Lieder
Lernen des Liedes *Wleso rodilaß Jolotschka*		Planung des Elternnachmittages	Umgestaltung des Klassenzimmers für den Elternbesuch

Möglicherweise entdecken die Kinder beim Betrachten von Dias oder Büchern schon die eine oder andere Aufschrift in kyrillischer Schrift, die es jetzt zu entschlüsseln gilt. Mit Hilfe des Arbeitsblattes zum russischen Alphabet, das die lautgetreue, also der Artikulation entsprechende Umschrift enthält, kön- nen die kyrillischen Begriffe richtig ausgesprochen und, falls sie dem entspre- chenden Wort in unserer Sprache verwandt sind (wie z. B. маргарин, umge- schrieben in *margarin*), auch inhaltlich erschlossen bzw. übersetzt werden. Natürlich können die Kinder auch ihre eigenen Namen in kyrillisch transkri- bieren oder den russischen Weihnachtsgruß С Рождеством Христовым и с Новым Годом abschreiben.

Die zweisprachigen Backrezepte motivieren besonders zur Sprachbegegnung, da viele Lebensmittel ähnlich wie im Deutschen klingen (siehe Knobelanleitung). Das Backen der traditionellen *Piroggen* erfordert einigen Aufwand. Als Ersatz kann auch ein russischer Pudding, das Sibirische Schneewittchen, zubereitet werden (Rezept s. HOFFMANN/EHLERS-JUHLE 1997, S. 97), zu dem die Kinder die kyrillische Übersetzung der unten auf dem Rezept abgebildeten Zutaten aus einem deutsch-russischen Wörterbuch heraussuchen können.

Unserer Erfahrung nach versuchten viele Kinder beeindruckend hartnäckig und ausdauernd, die Barrieren bei der Erschließung dieser fremden Schrift immer wieder zu überwinden. Sie erlebten die Arbeit daran wohl ähnlich wie das „Knacken des Codes" einer Geheimschrift.

Die winterlichen Witterungsbedingungen in weiten Teilen Russlands sind mit Begriffen wie große Schneemengen, klirrende Kälte, zugefrorene Seen und Flüsse, warme Kleidung (Pelzmützen, Felljacken), heiße Getränke (Tee aus *Samowar*en), bullernde Kachelöfen usw. hinreichend geschildert und werden durch die vielen Geschichten, Märchen und Lieder, die die Menschen dazu geschrieben haben, noch plastischer. Falls die angegebenen Texte „Der gestrenge Frost" (HORNBOGEN 1977), „Der Winterkönig" (RUHL 1986, S. 118 ff.) nirgends erhältlich sein sollten, befindet sich in fast jedem Buch über Russland ähnliches. Das Bilderbuch „Der Weihnachtsteddybär" eignet sich ebenfalls als Anschauungshilfe (GANTSCHEV 1992).

Das Lied *Wleso rodilaß Jolotschka* erzählt von einer Tanne im winterlichen Schneesturm und bildet so eine thematische Einheit mit der Geschichte „Die kleine Tanne" (HOFFMANN/EHLERS-JUHLE 1997, S. 76, 80).

Auch alle problemlos auszuführenden, sehr dekorativen Bastelanleitungen sind am russischen Winter orientiert, da er das Leben der Menschen in der Weihnachtszeit maßgeblich beeinflusst.

Das Bilderbuch „Es klopft bei Wanja in der Nacht" erzählt von drei wilden Tieren, einem Hasen, einem Fuchs und einem Bären, die vor der klirrenden Winterkälte in Wanjas kleinem Haus Schutz suchen (MICHL/MICHELS 1997). Falls auch bei uns Schnee und Kälte herrschen sollten, wäre im Hinblick auf das Lernen mit allen Sinnen ein Winterspaziergang ein guter Einstieg in das Thema. Anschließend wird das Buch, vielleicht die Bilder farbig auf Folie für den Tageslichtschreiber kopiert, vorgelesen, wobei die Kinder häufig spontan z. B. den Schneesturm mit der Stimme begleiten. Da die Tiere immer in der gleichen Reihenfolge als Handlungsträger auftauchen, bietet sich eine Kennzeichnung durch ein Instrument an. Das Klopfen an Wanjas Tür wird bei jedem Tier anders klingen, sodass die Kinder einen passenden Rhythmus und die entsprechende Lautstärke selbst ausprobieren sollten. Weitere sehr eindrucksvolle Vorschläge befinden sich in der Anleitung von Hermann Große-Jäger (GROßE-JÄGER 1994).

Alternativ dazu eignet sich das Bilderbuch *Babuschka*, das die landestypische weihnachtliche Legende der *Babuschka* erzählt, gut zur klanglichen Gestaltung. Es ist allerdings nicht neu aufgelegt worden, und dadurch nur in gut sortierten Leihbüchereien erhältlich. Da es die in Russland sehr populäre Tradition der *Babuschka*, die Väterchen Frost auf seiner den Kindern Geschenke bringenden Reise durch das Land begleitet, zum Inhalt hat, wäre es „Es klopft bei Wanja in der Nacht" vorzuziehen. Die Kinder können aber auch ohne Verwendung des Bilderbuches einen Wandfries dazu gestalten, indem sie die einzelnen Szenen auf großformatigen Blättern mit Wasserfarben und aufgeklebtem Glanz- oder Tonpapier wiedergeben. Das traditionelle, dazu gehörende Lied von der *Babuschka* hat eine leicht zu lernende, eingängige Melodie.

Das Bilderbuch *Varenka* beschreibt die Geschichte mehrerer Menschen, die sich in Varenkas kleinem Haus zusammenfinden und vor den Soldaten im Krieg durch einen Schneesturm gerettet werden (BERNADETTE 1996). Es kann in ähnlicher Form verklanglicht und vielleicht zusätzlich durch ein Schattenspiel szenisch dargestellt werden.

★ **Programm für den Elternnachmittag**

1. Singen des Liedes *Wleso rodilaß Jolotschka*
2. Vorführung des verklanglichten Bilderbuches „Es klopft bei Wanja in der Nacht"
3. Singen des Liedes *Bajuschki Baju*
4. Erzählung der Legende von der *Babuschka*
5. Singen des Liedes von der *Babuschka*
6. Verzehren der gebackenen Köstlichkeiten mit Tee aus gemütlich blubbernden *Samowar*en

Materialübersicht

★ **Lieder:**
  - *Bajuschki Baju*
  - Das *Babuschka*-Lied
  - Verklanglichung von „Es klopft bei Wanja in der Nacht"

★ **Rezepte:**
  - Russische Piroggen
  - Weihnachtsnusstorte
  - Alexander-Plätzchen

★ **Bastelanleitungen:**
  - Schneewolke
  - Schneekristalle

★ **Sonstiges:**
  - Das russische Alphabet

Bajuschki Baju – Баюшки Баю

Text/Musik: H. Barbe/S. Szordikowski, Verlag Merseburger, Kassel

Schlaf mein Kindlein, schlaf ein Schläfchen, ba-jusch-ki ba- ju.

Sil - ber mond und Wol-ken schäfchen sehn von o - ben zu.

2. Märchen weiß ich, Wiegenlieder sing ich deiner Ruh.
   Träum nur, schließ die Augen beide; bajuschki, baju.

3. Schlaf mein Kind, du sollst einst werden wohl ein großer Held,
   der ein Retter unsrer Erden und das Heil der Welt.

DAS BABUSCHKA - LIED

БАБУШКА ПЕСНЯ

D · Hm · Em⁷ · A⁷
„Her - ein, ihr ho - hen Her - ren, wie schön, euch hier zu sehn! Ich

D · Hm · Em⁷ · A⁷
hei - ße euch will - kom - men - doch möcht' ich gern ver - stehn: War-

D⁷ · G · E · A
um seid ihr ge - kom - men, ihr weit - ge - rei - sten Herrn? O

D · G⁶ · A⁷ · D
sagt mir doch, was führt euch her zu mir aus wei - ter Fern?"

G · D · G⁶ · A⁷ · D
Ba - busch - ka, o Ba - busch - ka, wir fol - gen ei - nem Stern!

G · D · A⁷ · D
Ba - busch - ka, o Ba - busch - ka, wir fol - gen ei - nem Stern!

„Der Stern ist wirklich herrlich,
in seiner hellen Pracht.
Doch wollt ihr denn nicht bleiben,
euch ausruhn eine Nacht?
Warum habt ihr's so eilig?
Und sagt mir noch geschwind,
für wen die wunderbaren,
kostbaren Geschenke sind."
Babuschka, o *Babuschka*, sind für ein Königskind!
Babuschka, o *Babuschka*, sind für ein Königskind!

Vorschlag für eine Verklanglichung von „Es klopft bei Wanja in der Nacht"

Wanja wohnt in einem kleinen Haus am Waldesrand. Ringsumher ist alles weiß. In langen Zapfen hängt das Eis. – Wanja schläft.

Fingercymbeln
Glissando auf Glockenspielen
Mundgeräusche schnarchen

Der Wind pfeift um das Haus.

Mundgeräusche Wind.
Handtrommeln reiben!

Es klopft an die Tür.

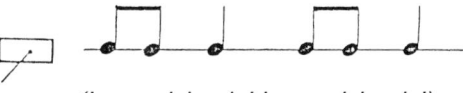

(Lass mich rein! Lass mich rein!)

Ein Hase jammert: „Ich friere so unsäglich!" Wanja sagt: „Komm nur herein!" Der Hase, hoppelt zur Tür, – und dann auf den Sessel.

= schnelles Tempo; dann langsamer, wenn der Hase sich hinsetzt

Der Has' streckt sich behaglich aus, bald wird es still im kleinen Haus. Auch Wanja deckt sich wieder zu: „Gut' Nacht und angenehme Ruh!"

alle sprechen

Mundgeräusche Wind.
Handtrommeln reiben!

Kaum sind sie eingeschlummert, da klopft schon wieder jemand an die Tür. Der Fuchs knurrt: „Ich kann nicht weiterlaufen, lass mich bei dir verschnaufen." – Der Hase schreit: „Nein, o nein, lass bloß den Fuchs hier nicht herein!" Doch der Fuchs verspricht, dem Hasen nichts zu tun. – Da springt der Fuchs hinter den warmen Ofen.

= schneller, dann langsamer, bis der Fuchs zur Ruhe kommt

Der Fuchs streckt sich behaglich aus. Bald wird es still im kleinen Haus. Auch Wanja deckt sich wieder zu: „Gut' Nacht und angenehme Ruh!"

alle sprechen

Mundgeräusche Wind.
Handtrommeln reiben!

Bald werden sie schon wieder gestört.

Ein Bär steht draußen in der Nacht. Der Fuchs erbleicht vor Angst. Doch der Bär schwört, dass er ganz harmlos sei. – „Komm rein!", sagt Wanja. Da tapst der Bär bis zur Zimmerecke.

schwerfällig und langsam (!), bis der Bär einschläft

Der Bär streckt sich behaglich aus. Bald wird es still im kleinen Haus. Auch Wanja deckt sich wieder zu: „Gut' Nacht und angenehme Ruh!"

alle sprechen

Mundgeräusche Wind. Handtrommeln reiben!

Der Schneesturm unterdessen tobt weiter wie besessen.

Windgeräusche so laut wie möglich!

Kaum fängt es an zu dämmern, da wird der Hase wach: „Wer weiß, ob es der Fuchs ehrlich meint! Es ist wohl besser, wenn ich geh!" – Er hoppelt wieder in den Schnee.

erst laut und flink, dann langsamer, bis der Klang in der Ferne verschwindet

Da erwacht der Fuchs. Kaum erblickt er den Bären, da macht er sich eilig davon.

erst laut; dann immer schneller und leiser

Der Bär wird wach und blinzelt mit den Augen. Er erschrickt, denn am Nagel hängt ein Gewehr: „Verflixt, das ist ein Jägerhaus! Heimlich schleiche ich mich raus." – Der Bär tappt leise davon.

langsam und leise, bis es in der Ferne verklingt

Wanja wird wach und geht vor die Tür. In langen Zapfen hängt das Eis.

Fingercymbeln

Da sieht er von drei Tieren die Spuren sich im Schnee verlieren.

Der Wanja schaut und nickt und lacht: „Wir haben wirklich diese Nacht gemeinsam friedlich zugebracht. – Was so ein Schneesturm alles macht."

Als Klangfarben werden ausgesucht:

= Holzblocktrommel für den Hasen

= Handtrommel für den Fuchs
(auch Röhrenholztrommel
möglich)

c d g a

= tiefes Xylophon oder Bassstäbe für
den Bären
(auch Schellentrommel möglich)

Russische Piroggen

Русские пироги

Zutaten:

500 g Weizenvollkornmehl
20 g Hefe
$1/2$ Esslöffel Zucker
knapp $1/4$ l lauwarme Milch oder Wasser
2 Esslöffel Butter
1 Ei
1 Prise Salz
verquirltes Eigelb zum Bestreichen

приправы:

- мука
- дрожжи
- сахар
- молоко или вода
- масло
- яйцо
- соль
- яичный желток

So wird 's gemacht:

1. Zuerst alle Zutaten verkneten, dann die Schüssel mit einem Tuch abdecken und an einem warmen Ort ca. 30 Minuten gehen lassen.
2. Kleine Kugeln (Ø ca. 5 cm) formen und daraus runde Plätzchen ($1/2$ cm dick) ausrollen.
3. Einen Esslöffel einer der unten beschriebenen Füllungen darauf verteilen.
4. Mit einem zweiten Teigplätzchen bedecken und die Ränder zusammendrücken.
5. Weitere 15 Minuten abgedeckt gehen lassen.
6. Mit Eigelb bestreichen und im vorgeheizten Backofen 20 Minuten knusprig braun backen.
7. Sofort mit flüssiger Butter bestreichen. Heiß oder kalt essen.

Verschiedene Füllungen für die Piroggen:

★ 1 Zwiebel fein hacken und in 1 Esslöffel Butter kurz dünsten, 500 g in Scheiben geschnittene Pilze dazugeben und 5 Minuten schwach kochen lassen, Kräutersalz, Pfeffer, 2 Esslöffel saure Sahne, Petersilie und Dill hinzufügen.
★ Klein geschnittenen Lauch in Sahne dünsten.
★ Spinat mit Knoblauch, Salz und Muskat dünsten und mit geriebenem Käse mischen.
★ Grob geraspelte Möhren kurz in Butter dünsten, mit Kräutersalz, Pfeffer, einer Prise Zucker, hart gekochten und gehackten Eiern, gehackter Petersilie, Dill und Schnittlauch mischen.
★ Klein geschnittenen Weißkohl kurz dünsten und mit kross gebratenen Speckwürfeln mischen.
★ Quark mit Mandeln und Rosinen mischen.
★ Apfelmus mit sauren Kirschen verrühren.
★ Schinkenwürfel mit Dill und saurer Sahne mischen.

Приятного аппетита!

Weihnachtsnusstorte

Рождественский ореховый торт

Zutaten:	**Приправы:**
Für den Mürbeteig:	
400 g Mehl	мука
200 g Margarine (oder Butter)	маргарин
100 g Zucker	сахар
1 Ei	яиио
1 Eigelb	яичныи желток
1 Prise Salz	солъ
1 Päckchen Vanillezucker	ванилин
Zum Bestreichen:	
Aprikosen- oder Himbeermarmelade	джем
Für die Füllung:	
200 g Zucker	сахар
abgeriebene Schale einer Zitrone	лимон
4 Eier	яииа
200 g gemahlene Mandeln	миндалы

So wird 's gemacht:

1. Alle Teigzutaten zu einem Mürbeteig verkneten. In einer Springform ausrollen und einen Rand hochdrücken.
2. Den Teig mit der Marmelade bestreichen.
3. Für die Füllung den Zucker mit der Zitronenschale und den 4 Eiern schaumig rühren. Die Mandeln zum Schluss hinzugeben und alles auf dem Teig verteilen.
4. Im vorgeheizten Backofen bei 180 Grad 60 bis 80 Minuten backen. Im ausgeschalteten, offenen Backofen abkühlen lassen, damit die Torte nicht zusammenfällt.
5. Die Torte kann 14 Tage lang aufgehoben werden.
   Dann schmeckt die Füllung wie Marzipan.

Приятного аппетита!

Weihnachtsnusstorte

Рождественский ореховый торт

Noch ein weiteres Rezept für eine Weihnachtsnusstorte aus einer anderen Region in Russland. Sie schmeckt auch sehr lecker und ist dazu noch besonders einfach und schnell zuzubereiten:

Zutaten:
7 Eier
250 g Zucker (am besten Fruchtzucker)
250 g gemahlene Wal- oder Haselnüsse
1 Esslöffel gemahlene Weizenkeime
1 Prise Salz

приправы:
- яица
- сахар
- орехи
- росток пшеницы
- солъ

So wird 's gemacht:
1. Die Eigelb schaumig rühren und mit dem Zucker, den Nüssen, den Weizenkeimen und dem Salz mischen.
2. Die Eiweiß sehr steif schlagen und ganz vorsichtig unterziehen.
3. In einer gefetteten Springform bei 200 Grad 45 Minuten (wenn die Oberfläche zu dunkel wird, mit Alufolie abdecken) backen.
4. Dazu schmeckt geschlagene Sahne mit Vanillezucker gut.

Aufgepasst:
Einige russische Wörter kannst du leicht lernen! Nimm dafür das Arbeitsblatt mit dem russischen Alphabet zu Hilfe!

★ **сахар** heißt Zucker und klingt so ähnlich wie Sacharin (Süßstoff).
★ Die Wörter **солъ** und **миндалы** sind mit den deutschen Wörtern für Salz und Mandeln verwandt.
★ **джем** (Marmelade) kommt von dem englischen Wort *jam* (gesprochen: „dschäm"), das auch Marmelade heißt.
★ **лимон** spricht man genau wie unser Wort Limone.
★ Was das Wort **аппетита** bedeutet, findest du sicher selbst heraus!
★ Auch die Wörter **маргарин** und **ванилин** kannst du alleine erlesen.

Viel Spaß beim Knobeln!

Alexander- Plätzchen

Печенье Александр - *Petschenje Alexander*

Zutaten:	**Приправы:**
Für den Teig:	
250 g Mehl	мука
1 Messerspitze Backpulver	пишевая
200 g Zucker	сахар
1 Päckchen Vanillezucker	ванилин
1 Ei	яицо
1 Prise Salz	солъ
1/2 Teelöffel gemahlener Zimt	корица
1 Messerspitze gemahlene Nelken	гвоздики
250 g Butter	масло
250 g gemahlene Mandeln	миндалы
Für die Füllung:	
5–6 Esslöffel Himbeermarmelade	джем
Für den Guss:	
100 g Puderzucker	сахарная пудра
2 Esslöffel Zitronensaft	лимон
Zum Garnieren:	
abgezogene Mandeln	миндалы
Zum Bestäuben:	
30 g Puderzucker	сахарная пудра

So wird 's gemacht:

★ Zuerst alle Teigzutaten verkneten und, in Folie eingewickelt, 2 Stunden in den Kühlschrank stellen.

★ Den Teig dünn ausrollen und Plätzchen ausstechen. Die Plätzchen auf ein mit Backpapier ausgelegtes Backblech legen.

★ Bei 180 Grad im vorgeheizten Backofen (Umluft 160 Grad, Gas Stufe 2) etwa 10 Minuten backen.

★ Nach dem Abkühlen die Hälfte der Plätzchen mit der Marmelade bestreichen. Die restlichen Plätzchen obendrauf setzen.

★ Den Zitronensaft mit Puderzucker glatt rühren, die Plätzchen mit dem Guss bestreichen und mit Mandeln belegen.

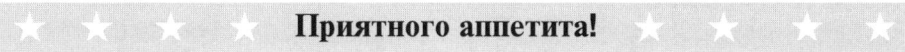

★ ★ ★ ★ **Приятного аппетита!** ★ ★ ★ ★

Schneewolke
СНЕЖНОЕ ОБЛАКО

Das brauchst du:
★ 1 Bogen weißes, dickes Tonpapier DIN A3
★ Wasserfarben
★ Nadel und weißen Faden
★ Watte
★ Schere

So wird 's gemacht:
Zuerst malst du so groß wie möglich die Umrisse einer Wolke mit Bleistift auf das Tonpapier.

Danach schneidest du die Wolke aus und malst sie mit Wasserfarben auf der Vorder- und der Rückseite blau an (Achtung: Zwischendurch trocknen lassen!).

Nun zupfst du kleine Flöckchen von der Watte ab und knotest sie mit Abständen von ca. 5 cm an einen weißen Faden. Davon stellst du 5 bis 7 Fäden her.

Zum Schluss ziehst du die Fädenenden mit der Nadel in gleichmäßigem Abstand durch den unteren Rand der Wolke und verknotest sie.

Zum Aufhängen ziehst du noch oben in der Mitte der Wolke einen Faden durch.

Schneekristalle

СНЕЖНЫЕ КРИСТАЛЫ

Schneekristalle aus weißem Papier

Dazu schneidest du aus dem Papier einen Kreis
(Ø 15 cm) aus. Dann faltest du ihn dreimal genau
in der Mitte, sodass Achtel entstehen.
Nun zeichnest du den Sternteil, den du dir unten
ausgesucht hast, auf den gefalteten Kreis. Wenn's
ganz genau werden soll, kannst du das Muster
auch durchpausen.
Zum Schluss schneidest du die Form aus. (Achtung: Nur die gepunkteten Linien ausschneiden,
sonst fällt dein Stern auseinander!)
Du kannst natürlich alle Kristallformen ausprobieren,
die dir einfallen!

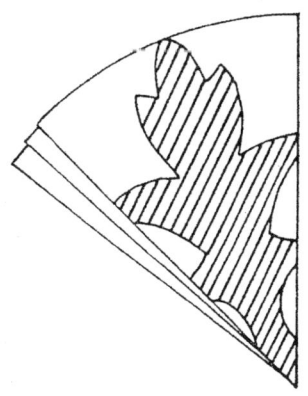

Gefaltetes Papier: Nur die
weißen Flächen abschneiden!

Schneekristalle

СНЕЖНЫЕ КРИСТАЛЫ

Schneekristalle aus Folie

Das brauchst du:

★ durchsichtige, steife, glänzende Folie
   (z. B. Deckel von Plastikschnellheftern,
   Klarsichtdeckel von Verpackungsschachteln)
★ 1 Tube goldene Glitzerfarbe
★ Nadel und Faden

So wird 's gemacht:

1. Zuerst schneidest du Kreise (Ø ca. 5–10 cm) aus der Folie.
2. Dann malst du mit der Farbtube auf jeden Folienkreis eine andere
   Schneekristallform – ganz nach deiner Fantasie!
3. Nachdem die Farbe getrocknet ist, ziehst du als Aufhänger einen
   Faden durch deinen Folienkreis.

Русский Алфавит

Das russische Alphabet

RUSSISCHE DRUCK-SCHRIFT	AUS-SPRACHE	RUSSISCHE DRUCK-SCHRIFT	AUS-SPRACHE
А а	a	П п	p
Б б	b	Р р	r
В в	w (Vase)	С с	s
Г г	g	Т т	t
Д д	d	У у	u
Е е	je	Ф ф	f
Ё ё	jo	Х х	ch (Buch)
Ж ж	sh (Garage)	Ц ц	ts (Ziege)
З з	z (Rose)	Ч ч	tsch (Matsch)
И и	i	Ш ш	sch (Schule)
Й и	j	Щ щ	schtsch
К к	k	ь	(wird nicht gesprochen)
Л л	l	ы	y
М м	m	Э э	e
Н н	n	Ю ю	ju
О о	o	я	ja

England

Merry Christmas and a Happy New Year

Zu Beginn der Weihnachtszeit ziehen viele Kinder in Gruppen durch die Straßen und singen alte englische Weihnachtslieder (*Christmas carols*). Dieser Brauch stammt noch aus einer Zeit, als arme Kinder sich auf diese Weise Geld oder etwas zum Essen von den Reichen erbetteln und ersingen konnten.

Der Heilige Abend dient als Vorbereitungstag für den *Christmas day*, unseren ersten Weihnachtstag. Die Geschäfte sind bis spät in den Abend hinein geöffnet, sodass man die letzten Einkäufe, vor allem für das Weihnachtsessen, jetzt noch vornehmen kann.

In vielen englischen Familien ist es heute auch üblich, einen Weihnachtsbaum aufzustellen. Außerdem wird die ganze Wohnung festlich geschmückt: Früher wurden dazu ausschließlich Immergrün, Stechpalmen (Ilex) mit den roten Beeren daran und Misteln verwendet. Heute sind Papierschlangen, bunte Ketten und Kugeln usw. dazugekommen.

Mistelzweige waren in England und Frankreich schon zu Zeiten der Kelten als zauberkräftig bekannt und galten als Friedenssymbole. Nur Druiden-Priester durften sie mit einer goldenen Sichel abschneiden. Trafen sich zwei Feinde unter Misteln, so umarmten sie sich und gaben sich Mühe, ihren Streit zu begraben. Hält sich heute jemand unter einem Mistelzweig auf, der zum Beispiel über einer Tür befestigt ist, so muss er sich, ob er will oder nicht, gefallen lassen, dass er von einem anderen geküsst wird.

In England werden viel mehr Weihnachtskarten geschrieben als bei uns. All die unzähligen Grüße, die man von Verwandten, Freunden und Bekannten erhält, werden auf dem Kaminsims aufgestellt oder an einer langen Leine aufgehängt und durchs Wohnzimmer gespannt.

Die Geschenke bekommen die Kinder erst am Morgen des ersten Weihnachtstages. Am Abend vorher hängen sie große, bunte Strümpfe ans Bett oder an den Kamin. Der englische Weihnachtsmann, *Father Christmas* oder *Santa Claus*, saust in der Nacht zwischen zwei und drei Uhr mit seinem glöckchenbehängten Rentierschlitten auf weichen Wolkenpolstern durch die Lüfte. Er fliegt über die Dächer und bindet seinen Schlitten dann am Schornstein der zu beschenkenden Familie fest. Durch den Kamin kommt er ins Haus, füllt die

Strümpfe mit Süßigkeiten und legt die größeren Geschenke auf den Weihnachtstisch. Hier haben die Kinder als Verpflegung für den Weihnachtsmann am Abend vorher ein Glas Portwein und eine Schale mit Gebäck aufgestellt. Natürlich wachen die Kinder am nächsten Morgen schon sehr früh auf, um sich auf ihre Socken zu stürzen. So gegen sechs Uhr singen sie vor dem Schlafzimmer ihrer Eltern *We wish you a merry Christmas* und bedanken sich für die Geschenke. Nach dem Frühstück packen dann die Eltern ihre Geschenke aus und die Kinder dürfen die Pakete auf dem Weihnachtstisch öffnen. Erst beim Auspacken der Geschenke werden die Kerzen am Weihnachtsbaum angezündet.

Während des Festtagsgottesdienstes, den der Vater mit den Kindern besucht, bereitet die Mutter das Weihnachtsessen vor. Es besteht traditionell aus einem mit Maronen gefüllten Truthahn, gebackenen Kartoffeln, Röstzwiebelgemüse, Schinkenröllchen, *beansprouts*, Kastaniencreme, Preiselbeersoße, Brotsoße, Fleischsoße und dem berühmten *Plumpudding*. Er wird aus getrockneten Früchten, Rosinen, Nierenfett und Gewürzen zubereitet, muss sieben Stunden im Wasserbad kochen und liegt ziemlich schwer im Magen. Vor dem Auftragen wird er mit angewärmtem Alkohol übergossen, angezündet und brennend im verdunkelten Zimmer serviert. Das Weihnachtsdinner wird mit Orangen, Datteln und Eiscreme beendet. Die Erwachsenen genießen abschließend einen heißen *Irish coffee*.

Jetzt versammelt sich die ganze Familie vor dem Fernsehapparat, um die Weihnachtsansprache der Queen zu verfolgen.

Nach einem ausgiebigen Spaziergang gibt es dann für die Kinder das Weihnachtszirkusprogramm im Fernsehen, das jedes Jahr zur gleichen Zeit gesendet wird und zum Ablauf des Festes mittlerweile dazugehört.

Viele Familien setzen sich dann gemütlich vor den Kamin, in dem meistens elektrisches Licht die Flamme simuliert, und lesen Gruselgeschichten.

Der weitere Ablauf des Weihnachtstages erinnert eher an unsere Silvesterfeier: Freunde und Verwandte kommen. Man zieht Knallbonbons *(Christmas crakkers)*, setzt sich komische Papierhüte auf und spielt Gesellschaftsspiele. Dazu gibt es Wein, kleine, heiße Fleischpasteten und einen besonderen *Christmas cake*.

Bei Einbruch der Dunkelheit hört man von draußen einen sehr schönen Gesang. Die *carol singers* gehen durch die Straßen und singen *Here we come a-carolling* und *We wish you a merry Christmas*. Die Sänger werden hereingebeten und mit Kuchen und Pasteten bewirtet.

Am 26. Dezember feiert man dann in England den *boxing day*. Früher wurde an diesem Tag den Hausangestellten eine Geldsumme in einer *box* geschenkt – daher der Name. Heute besucht die ganze Familie am *boxing day* lustige Theateraufführungen, *pantomimes* genannt.

★ ★ ★ Möglicher Projektablauf ★ ★			
Montag	**Dienstag**	**Mittwoch**	**Donnerstag**
Informationen über das Land und seine Weihnachtsbräuche (Lehrervortrag)	Informationen über Elche/ Rentiere	Spiel *The drawing game*	Tradition der weihnachtlichen Gruselgeschichten am Kamin
Singen des Weihnachtsliedes *We wish you a merry Christmas*	Erstellen eines kurzen Textes über Rentiere	Backen von 1. Ingwerherzen 2. Früchtebrot 3. evtl. *Plum-Pudding*	Lied *Jingle bells*
Vertiefende Begegnung mit der englischen Sprache; Spiel *Christmas wishes*	Basteln von 1. Rentieren 2. *Santa Claus*	Planung des Elternnachmittages	Herstellung von *Christmas crackers* für die Eltern
Vorlesen der Geschichte „Das Weihnachtssingen"	Erzählen der Geschichte „Wie Rudolph, das rotnasige Rentier, am Weihnachtsabend glücklich wurde"	Inhaltliche Erarbeitung des Textes *Plim-Plom-Plum-Pudding*	Schmücken des Klassenraumes
Basteln von Weihnachtskarten	Lernen des Liedes *I hear them!*	Verteilung der Rollen und Einüben der Texte, Kostümierung der Darsteller/Kulissen/ Requisiten/ ...	Generalprobe der Spielszenen und Lieder
Legende vom Mistelbusch; Befestigung eines Mistelbusches über der Klassenzimmertür	Gedicht „Das Rentier"	Wiederholung des Liedes *We wish you a merry Christmas* (Bezug zum *Plum-Pudding*)	

Nachdem die Lehrerin die wichtigsten landeskundlichen Informationen über England angeboten hat, lernen die Kinder das Lied *We wish you a merry Christmas*, das auch bei uns gebräuchlich und damit zumindest von der Melodie her bekannt sein müsste. Durch den Refrain und die sich mehrmals wiederholende erste Zeile ist auch der Text leicht zu lernen. Er vermittelt den Kindern einen intensiven Eindruck von der englischen Sprache, die zwar durch unzählige englische Begriffe, die wir täglich verwenden, von der Sprachmelodie her recht geläufig ist, aber von den Kindern oft gar nicht als Fremdsprache erkannt wird. Sie verwenden z. B. das Wort *T-Shirt* völlig alltagssprachlich ohne zu wissen, dass es englischen Ursprungs ist. Diese Differenzierung kann anhand des Erlernens des englischen Weihnachtsliedes thematisiert und dadurch bei vielen Kindern zum ersten Mal deutlich und bewusst werden. Das Auffinden von englischen Wörtern in unserer Umgangssprache könnte sich hier anschließen, wobei die Kinder selbst entdecken können, dass man auf die Differenz zwischen Schreibweise und Aussprache achten muss. Zur weiteren fremdsprachlichen Arbeit sollten die englisch bezeichneten Gegenstände aus Prospekten, die in der Weihnachtszeit zuhauf in den Briefkästen liegen, ausgeschnitten, auf große Karteikarten geklebt und mit dem entsprechenden Begriff (wie *Inline Skates, Beachball, CD-Player, Mountainbike* u. Ä.) versehen werden.

So vorbereitet kann sich das Spiel *Christmas wishes* anschließen (WINZ/DOHMES 1996, S. 23). Es ist unserem „Kofferpacken" verwandt, sodass die Kinder den Ablauf wahrscheinlich schon kennen. Ein Kind beginnt z. B. mit den Sätzen *I've got many Christmas wishes. I like to have a T-Shirt* und legt die passende Bildkarte vor sich in den Kreis. Das nächste Kind wiederholt den ersten Satz wortgetreu, schließt seinen Wunsch z. B. mit den Worten *I like to have a T-Shirt and Inline Skates* an und legt die entsprechende Karte ebenfalls aus. Das dritte Kind wiederholt den ersten Satz, die beiden Wünsche seiner Vorgänger und hängt seinen eigenen Wunsch hinten an.

Das Spiel stellt allerdings eine hohe Anforderung an die Gedächtnisleistung der Kinder, da sie sich auf die Aneinanderreihung vieler fremdsprachiger Begriffe konzentrieren müssen. Ohne den Einsatz der Bild-Karten wären sie sicherlich überfordert.

Die möglicherweise darauf folgende Geschichte „Das Weihnachtssingen" von Katherine Allfrey thematisiert die englische Tradition des *Christmas carolling,* allerdings mit einem die Kinder zur intensiven Auseinandersetzung anregenden, sozialkritischen Hintergrund (IMKER 1982, S. 27 ff.).

Die in England äußerst beliebten Weihnachtskarten gibt es in jeder Form, Farbe und Ausführung, sodass als Arbeitsblatt nur ein Gestaltungsangebot gegeben wird, das durch zahlreiche andere Möglichkeiten ergänzt werden sollte – der Fantasie sind hier keine Grenzen gesetzt! Die Kinder können z. B. eine Aufklappkarte mit hinter den Klapptüren aufgeklebten Krippenfiguren, eine Karte mit einem großen, aufgemalten Tannenbaum, auf dessen Zweigen sich die Wörter des englischen Weihnachtsgrußes befinden, mit weihnachtlichen Motiven bedruckte oder bestickte Karten u. v. m. herstellen. Die klassischen englischen Weihnachtsfarben Rot und Grün sollten dabei vorrangig verwendet werden.

Die Tradition, die Weihnachtskarten an einem langen Band aufzuhängen, kann dekorativ im Klassenraum nachvollzogen werden. Außerdem können die Kinder ihre gebastelten Karten mit einem Grußtext versehen und an ihre Verwandten verschicken.

Die Legende vom Mistelbusch findet sich in Kurzform auf S. 78. Sie sollte allerdings unbedingt durch das Anbringen eines echten Mistelzweiges über der Klassenzimmertür und die Durchführung des traditionellen Sich-Versöhnens (vielleicht sogar mit Kuss) in die Praxis umgesetzt werden.

Der zentralen Bedeutung des Rentieres in der englischen Weihnachtstradition wird der zweite Tag gerecht. Zuerst suchen die Kinder Informationen über Elche und Rentiere aus allen verfügbaren Sachbüchern heraus und stellen sie zu einem kurzen Text zusammen. Nach dem Basteln von Rentieren und *Santa Claus* erzählt die Lehrerin die Geschichte von Rudolph, dem Rentier (hier in Kurzform):

> Hoch im Norden, nahe des Nordpols, wo es viel Eis und Schnee gibt, lebt *Santa Claus*, der Weihnachtsmann der englischen und amerikanischen Kinder. Jedes Jahr sucht er sich aus den ebenfalls dort lebenden Rentieren die stärksten und schönsten heraus, die seinen mit Geschenken bepackten Schlitten über die Wolken durch die Luft, über vereiste Berge und verschneite Täler zu den Kindern ziehen. Die Rentiere *Dasher, Prancer, Vixen, Comet, Cupid, Donner* und *Blitzen* hat *Santa Claus* schon ausgewählt, weil sie schnell, wild und ungestüm sind. Nur Rudolph steht schüchtern daneben und traut sich nicht, den Weihnachtsmann zu bitten, ihn doch auch mitzunehmen. Vor lauter Sehnsucht hat er eine ganz rote, leuchtende Nase. Als *Santa Claus* das sieht, streichelt er Rudolph und sagt: „Du kannst meinem Schlitten auf dem Weg durch die Nacht leuchten. Ich spanne dich ganz vorne vor die anderen Rentiere." Rudolph ist überglücklich …

Noch ein wenig weiter ausfantasiert spricht diese Geschichte viele Kinder sehr an, da sie sich mit der Unsicherheit von Rudolph identifizieren und darüber einen Zugang zu ihren eigenen Ängsten bekommen können – ein wichtiges Thema für ein Klassengespräch!

In dem Lied *I hear them!* wird die Ankunft des Weihnachtsmannes mit seinem Rentierschlitten klanglich umgesetzt. Es kann mit Orff'schen Instrumenten begleitet werden: Zu *With a jingle, jingle bell* klingeln einige Kinder mit Glöckchen, zu *clop, clop, clop* schlagen sie Holzblocktrommeln und zu *clatter, clatter, clatter* klappern sie mit Kastagnetten oder Rasseln. Außerdem kann das Lied mit Körperbewegungen untermalt werden (Winz/Dohmes 1996, S. 26 f.).

Die wichtigsten englischen Begriffe dieses Themas können, wie oben beschrieben, ebenfalls auf Karteikarten gesammelt werden.

Das Gedicht „Das Rentier" von Fredrik Vahle eignet sich besonders zum Vortrag für die Eltern:

> 1. Der Weihnachtsmann ist noch nicht wach,
>   er schnarcht ganz friedlich in den Tag.
>   Doch da schrillt der Wecker, und da schreit die Kuh,
>   und die Rentiere scharren und schnaufen dazu.
>   Rataplam, rataplam, rataplam, plong, pling,
>   ding, dong, ding, dong, dingelingeling.

2. Der Weihnachtsmann springt aus dem Bett,
   weil er um ein Haar verschlafen hätt.
   Er läuft in die Küche und nimmt einen Schluck
   von dem wunderbar duftenden Muckefuck.
     Rataplam, rataplam …

3. Er ruft seine Rentiere, schnell muss er weg,
   nur eins, das rührte sich gar nicht vom Fleck.
   Er schimpfte: „Nun mach schon, und gleich geht es ab,
   weil ich für die Kinder Geschenke hab!"
     Rataplam, rataplam …

4. Da guckte das Rentier grad so in die Welt,
   als ob ihm darin überhaupt nichts gefällt.
   Der Weihnachtsmann schimpfte: „Verstehst du mich nicht?"
   Da sprach es ganz leise: „Und was kriege ich …?"
     Rataplam, rataplam …

Um die erstellten Wort-Bild-Karten noch einmal zum Einsatz zu bringen und die englischen Ausdrücke damit zu festigen, empfiehlt sich *The drawing game*, unser bekanntes Montagsmalerspiel, allerdings in englischer Sprache (WINZ/DOHMES 1996, S. 34). Dazu wird die Gruppe in zwei gegeneinander spielende Hälften geteilt. Ein Kind der ersten Teilgruppe erhält vom Spielleiter eine Bildkarte. Es versucht, den abgebildeten Gegenstand so an die Tafel zu malen, dass seine Mitspieler ihn erraten und mit dem englischen Begriff benennen können. Danach stellt die andere Teilgruppe einen Maler. Bei jedem richtig erkannten Bild bekommt die jeweilige Gruppe einen Punkt. Die Teilgruppe mit den meisten Punkten zum Schluss hat gewonnen.

Beim Herstellen typisch englischer Weihnachtsspezialitäten kann man statt des sehr aufwändigen *Plum-Puddings* auch ein Früchtebrot backen, das Eltern und Kindern schmecken wird.

Die Geschichte, wie der berühmte *Plum-Pudding* zu seinen Zutaten und seinem Namen kam, eignet sich besonders für eine kleine Aufführung, da sie lustig ist, wenig an Requisiten benötigt und sehr einfache englische Sätze enthält. Werden die Textblätter im Kochtopf versteckt, so können der Koch und sein Küchenjunge Teile des Textes ablesen. Alternativ erzählen sie den Inhalt aus dem Gedächtnis und nur die englischen Elemente werden auswendig wiedergegeben (evtl. mit Souffleur im Hintergrund).

Der letzte Tag greift neben der Generalprobe die Traditionen der Gruselgeschichten (Texte dazu in HOFFMANN/EHLERS-JUHLE 1997, S. 51) am Kamin und des Überreichens von *Christmas crackers* auf, die je nach Zeit auch noch intensiver behandelt werden können. Besonders an die die Kinder stark motivierenden Gruselgeschichten könnte sich die Erarbeitung eigener Texte, vielleicht im Rahmen des Aufsatzunterrichts, anschließen.

★ **Programm für den Elternnachmittag**

1. Begrüßung der Gäste
2. Kurzdarstellung der Tradition des *Christmas carolling*
3. Singen des Liedes *Jingle bells*
4. Vorführung des szenischen Spiels *Plim-Plom-Plum-Pudding*
5. Singen des Liedes *We wish you a merry Christmas*
6. Vorlesen des Textes „Wie Rudolph, das rotnasige Rentier, am Weihnachtsabend glücklich wurde"
7. Singen mit Begleitung durch Orff'sche Instrumente und Bewegungen: *I hear them!*
8. Vortragen des Gedichtes „Das Rentier"
9. Überreichen und „Ziehen" der *Christmas crackers* als Geschenk für die Eltern
10. Gemeinsames Kaffee- bzw. Teetrinken und Essen der selbst gebackenen Plätzchen und des Früchtebrotes

Materialübersicht

★ **Lieder:**
 – *Jingle bells*
 – *We wish you a merry Christmas*
 – *I hear them!*

★ **Rezepte:**
 – Englische Ingwerherzen
 – Englisches Früchtebrot

★ **Bastelanleitungen:**
 – Rentier
 – *Santa Claus*
 – Weihnachtskarten
 – *Christmas crackers*

★ **Texte:**
 Plim-Plom-Plum-Pudding

Jingle bells
Glöckchen kling

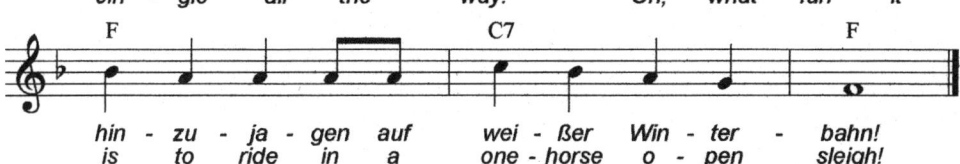

Aus England
Volkslied oder Komposition von James Pierpont?

F   **F**   **B**

Leicht und un-be-schwert jagt der Schlit-ten ü-ber's Feld,
Dash-ing thro' the snow in a one-horse o-pen sleigh,

Gm   **C**   **C7**   **F**   **F**

im Ga-lopp das Pferd, o wie froh die Welt! Glöckchen klingen
o'er the fields we go, laughing all the way. Bells on bob-tail

F   **F**   **B**   **Gm**   **F**

hell sin-get al-le mit! Wie herr-lich ü-bern Schnee zu ja-gen
ring, ma-king spi-rits bright, what fun it is to ride and sing a

B   **C7**   **F**   **F**

mit dem Schlit-ten - lied: Glöck-chen kling! Glöck-chen kling!
sleigh-ing song to night. Jin - gle bells! Jin - gle bells!

F   **B**   **F**   **C**   **F**

Klin - ge din, don, dan! O, wie herr-lich hin - zu - ja - gen auf
Jin - gle all the way! Oh, what fun it is to ride in a

C7   **C7**   **F**   **F**

wei - ßer Win - ter - bahn, hei! Glöckchen kling! Glöckchen kling!
one-horse o - pen sleigh, oh. Jin - gle bells! Jin - gle bells!

F   **B**   **F**   **C**

Klin - ge din, don, dan! O, wie herr - lich
Jin - gle all the way! Oh, what fun it

F   **C7**   **F**

hin - zu - ja - gen auf wei - ßer Win - ter - bahn!
is to ride in a one - horse o - pen sleigh!

We wish you a Merry Christmas

Wir wünschen euch fro-he Weihnacht, wir wünschen euch fro-he
We wish you a mer-ry Christmas, we wish you a mer-ry

Weihnacht, wir wünschen euch frohe Weihnacht und ein glücklich` Neu - jahr!
Christmas, we wish you a mer-ry Christmas and a hap-py New Year!

Viel Se - gen für euch und die, die ihr liebt! Wir
Good ti - dings we bring to you and your kin. We

wün-schen euch fro - he Weih-nacht und ein glück-lich` Neu - jahr!
wish you a mer - ry Christ-mas and a hap - py New Year!

Da capo al fine

1. Wir wünschen euch frohe Weihnacht*
   und ein glücklich' Neujahr!
   Viel Segen für euch
   und die, die ihr liebt!
   Wir wünschen euch frohe Weihnacht
   und ein glücklich' Neujahr!

2. Nun bring uns vom süßen Pudding,*
   nun bringt ihn uns her!
   Viel Segen für euch … (usw.)

3. Wie gut schmeckt der süße Pudding,*

   bringt schnell ihn uns her!
   Viel Segen für euch … (usw.)

4. Wir gehn nicht, bis wir gegessen,*

   bringt Pudding uns schnell!
   Viel Segen für euch … (usw.)

5. Wir wünschen euch frohe Weihnacht*
   und ein glücklich' Neujahr!

1. We wish you a merry Christmas,*
   and a happy New Year!
   Good tidings we bring
   to you and your kin.
   We wish you a merry Christmas
   and a happy New Year!

2. Now bring us some figgy pudding,*
   and bring some out here!
   Good tidings … (usw.)

3. For we all like figgy pudding,
   we all like figgy pudding,**
   so bring some out here!
   Good tidings … (usw.)

4. And we won't go till we get some,
   we won't go till we get some,**
   so bring some out here!
   Good tidings … (usw.)

5. We wish you a merry Christmas,*
   and a happy New Year!

Achtung: * = zweimal wiederholen; ** = einmal wiederholen

I hear them!

Heute ist Weihnachten. Die Kinder in England haben einen langen Strumpf an ihrem Bett befestigt. Wie jedes Jahr wird Santa Claus in der Nacht kommen und die Geschenke bringen. Er steckt sie in den Strumpf. Die Kinder sind sehr aufgeregt und wollen nicht schlafen. Sie lauschen, ob Santa mit seinen Rentieren auf dem Dach landet.

G
I hear them, I hear them, I

D   G
hear them on the roof! The rein - deer are

D   G
com - ing, I hear each pranc - ing hoof. With a

D   G
jin - gle, jin - gle bell, and a clop, clop, clop and a

D⁷   G   D   G   D
clat - ter, clat - ter, clat - ter at the chim - ney top. I

G   D   G
hear them, I hear them, I hear them on the roof!

I see him, I see him,
I see him plain and clear.
He's come down the chimney,
old Santa Claus is here!

In a lovely crimson cloak
with a sack full of things,
always filling all the stockings
with the toy he brings.
I see him, I see him,
I see him plain and clear!

Die Erschließung des englischen Textes kann durch den Einsatz von passenden Bewegungen erleichtert werden:

I hear them ...	Hände hinter die Ohren halten
on the roof ...	mit dem Zeigefinger nach oben zeigen
the reindeer are coming ...	beide Hände nach vorne wie zum Zügelhalten
jingle bell...	läuten eines Glöckchens
clop, clop, clop ...	klopfen
clatter, clatter ...	klappern (evtl. mit Rasseln)
chimney top ...	senkrecht nach oben zeigen

Dieses Beispiel ist nur ein Vorschlag! Die Kinder haben bestimmt noch andere Ideen dazu!

English Ginger Hearts

Das brauchst du:

125 g Butter
125 g Zucker
1 Päckchen Vanillezucker
1 Prise Salz
1 Teelöffel Ingwerpulver
1 Ei
200 g Mehl
50 g Speisestärke
1 Teelöffel Backpulver
Zum Bestreichen: 200 g halbbittere
    Schokoladenkuvertüre
Zum Bestreuen: Hagelzucker
Zum Belegen: Kandierten Ingwer,
    in feine Streifen geschnitten

You need:

125 g butter
125 g sugar
1 packet vanilla sugar
1 pinch salt
1 teaspoon ginger powder
1 egg
200 g flour
50 g starch
1 teaspoon baking powder

200 g semi sweet chocolate glazing
sugar
candied ginger, cut in slices

So wird 's gemacht:

1. Butter und Zucker schaumig rühren. Vanillezucker, Salz, Ingwerpulver und das Ei hinzufügen.
2. Mehl, Speisestärke und Backpulver zuerst unterrühren und dann kneten. Den Teig zugedeckt im Kühlschrank 2 bis 4 Stunden ruhen lassen.
3. Anschließend den Teig ca. $1/2$ cm dick ausrollen, Herzen ausstechen und auf ein mit Backpapier ausgelegtes Backblech setzen.
4. Im vorgeheizten Backofen bei 175 bis 200 Grad (Gas Stufe 3–4) in etwa 10 Minuten backen.
5. Plätzchen auf einem Kuchengitter abkühlen lassen.
6. Kuvertüre im Wasserbad bei schwacher Hitze auflösen und die Herzen dünn damit bestreichen.
7. Den Rand mit Hagelzucker bestreuen und in die Mitte der Plätzchen 2 bis 3 Streifen kandierten Ingwer legen.

„Bedien dich!", würden die Engländer sagen.

ENGLISCHES FRÜCHTEBROT

Twelfth-Night-Cake

In England hat das Früchtebrot den Namen „Twelfth-Night-Cake". Es wird dort in den zwölf Nächten zwischen 24. Dezember und 6. Januar gegessen.

Du brauchst:	*You need:*
100 g Haselnusskerne	*100 g hazel nuts*
je 50 g Paranusskerne und abgezogene Mandeln	*50 g Brazil nuts and almonds*
100 g getrocknete Pflaumen	*100 g dried plums*
je 50 g getrocknete Datteln und Feigen	*50 g dried dates and 50 g dried figs*
1 unbehandelte Zitrone	*1 lemon*
3 Eier	*3 eggs*
3 Esslöffel Wasser (für Erwachsene Weinbrand)	*3 tablespoons water*
125 g Zucker	*125 g sugar*
250 g Rosinen	*250 g raisins*
je 50 g gewürfeltes Zitronat und Orangeat	*50 g candied lemon and 50 g orange peels*
125 g Mehl	*125 g flour*
2 Teelöffel Backpulver	*2 teaspoons baking powder*
1 Teelöffel Zimtpulver	*1 teaspoon cinnamon*
1 Messerspitze geriebene Muskatnuss	*1 pinch ground nutmeg*

So wird 's gemacht:

1. Nüsse, Mandeln und entkerntes Trockenobst grob hacken. Schale der gewaschenen Zitrone abreiben.
2. Eier, Wasser und Zucker so lange schlagen, bis die Creme dick wird.
3. Nüsse, Trockenobst, Zitronenschale, Rosinen, Zitronat und Orangeat mit einem Kochlöffel unterrühren.
4. Mehl mit Backpulver und Gewürzen ebenfalls untermischen.
5. Teig in eine gefettete Kastenform füllen.
6. In den kalten Backofen auf die untere Schiene stellen. Ofen auf 175 Grad (Umluft 150 Grad, Gas Stufe 2) schalten.
7. Etwa 60 Minuten backen. Falls das Früchtebrot zu dunkel wird, nach 40 Minuten mit Pergamentpapier abdecken.
8. Brot vor dem Stürzen in der Form 10 Minuten ruhen lassen.

HELP YOURSELF

Santa Claus mit seinem Rentier

Du brauchst:

- ★ Wellpappe
- ★ 2 leere Klopapier- oder Versandrollen
- ★ 1 Wattekugel
- ★ etwas Pappe
- ★ Krepppapier, Seidenpapier, Watte
- ★ Messer, Schere, Stifte, Stecknadeln

So machst du das Rentier:

Geweih aus
Pappe
ausschneiden!

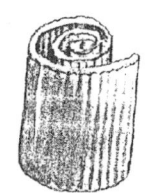

Den Kopf aus
Wellpappe
aufrollen und
mit Klebstoff
und Nadeln
am Körper
befestigen!

Ein Stück Versandrolle mit
Wellpappe umwickeln.

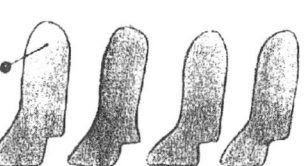

Beine aus Pappe
ausschneiden,
festkleben und
mit den Nadeln
zusätzlich
feststecken!

So machst du den Weihnachtsmann *Santa Claus*:

Auf eine leere Klopapierrolle klebst du den
Kopf aus einer Wattekugel. Dann ziehst du
dem Weihnachtsmann einen roten Mantel
aus Krepppapier an.

Die Mütze ist auch
aus Krepppapier.

Wattebart

Arme ankleben

Aus Pappe schneidest du Arme und
Füße aus. Sie werden angemalt und
dann an der Klopapierrolle festgeklebt.

Zum Schluss kannst du noch den Weihnachtsmann und auch sein Rentier mit
einem kleinen Geschenk füllen und dann mit einem Klebeband verschließen.

Christmas cards

Du brauchst:
★ farbiges Tonpapier für die Klappkarte (DIN A5)
★ verschiedene Tonpapierreste für die Figuren
★ Buntstifte
★ Kleber
★ Schere
★ evtl. Klebesterne, Watte, Glitzerfarbe …

So wird 's gemacht:

Das DIN-A5-Tonpapier knickst du genau in der Mitte, so dass du eine Klappkarte erhältst. An der Knickstelle zeichnest du 2 bis 3 parallele Striche, etwa so:

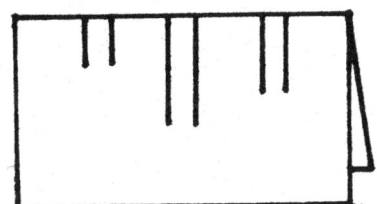

Diese Linien schneidest du ein und biegst sie nach innen, sodass 2 oder 3 Stege entstehen.

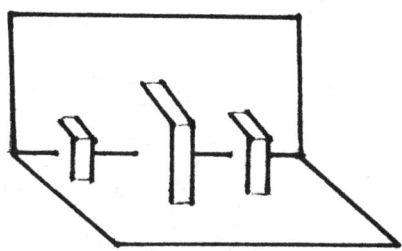

Daran kannst du jetzt von vorne Tiere, Bäume, einen Schlitten oder etwas anderes Weihnachtliches kleben. Vielleicht möchtest du auch noch davor etwas Hochstehendes befestigen, wie oben auf der Zeichnung.

Zum Schluss kannst du die Karte noch bemalen oder mit Sternen, Wolken oder Ähnlichem verzieren.

Vielleicht hast du auch noch ganz andere Ideen?

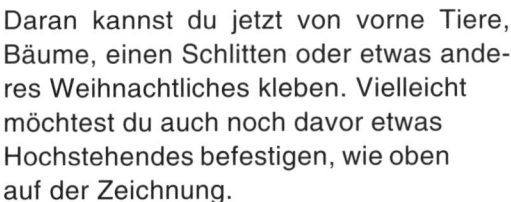

Christmas crackers

Du brauchst:
★ 1 leere Toilettenpapierrolle
★ 1 kleines Geschenk (evtl. Gedicht)
★ 1 Namensschild
★ Geschenkpapier
★ Geschenkband
★ evtl. Klebstoff
★ Schere

YOU NEED
★ *1 empty toilet roll*
★ *1 little present*
★ *1 name card*
★ *wrapping paper*
★ *ribbon*
★ *glue*
★ *scissors*

So wird 's gemacht:
1. Das kleine Geschenk, eventuell zusammen mit einem selbst geschriebenen Gedicht oder kurzen Text, steckst du in die Toilettenpapierrolle. Falls deine Lehrerin es erlaubt, kannst du noch Konfetti hinzufügen.
2. Dann rollst du alles zusammen in Geschenkpapier ein und drehst die Enden wie bei einem Bonbon oder bindest sie mit dem Geschenkband zu.
3. Das Namensschild des Empfängers klebst du außen drauf oder bindest es an dem Band fest.

Die Engländer feiern das Weihnachtsfest viel fröhlicher als wir. Vor dem *Christmas dinner* werden mit viel Spaß die *Christmas crackers* gezogen: An jedem Ende zieht eine Person, sodass der Inhalt auf den Boden fällt.

Plim-Plom-Plum-Pudding

**Zum englischen Weihnachtsfest gehört der traditionelle *Plumpudding*.
Die Legende erzählt, dass der *Plumpudding* bei der großen Jagd eines
Königs zum ersten Mal serviert wurde.
Dieses Weihnachtsspiel handelt davon, wie der *Plumpudding* zu seinem Namen gekommen sein könnte …**

Bühnenbild: Die Küche in einem Jagdhaus.
Der Koch und der Küchenjunge sind etwas aufgeregt. Von der Ferne hört
man Hundegebell (wau, wau, wau) und den Klang von Jagdhörnern
(tatarata). Koch und Küchenjunge klappern mit den Töpfen …

Koch: Ach du liebe Zeit, die Jagd ist bald zu Ende, und das Essen ist immer noch nicht fertig. Was heißt eigentlich fertig? Wir haben ja noch nicht einmal angefangen. Tom, ist John endlich da?
Küchenjunge: *I don't know, Chef. I can look it up.*
Koch: Bürschchen, dann geh nachschauen, aber ein bisschen schneller als gewöhnlich, oder soll ich dir Beine machen?
Küchenjunge: *I'm going …* (Tom geht widerwillig nachschauen.)
Koch: Also, zuerst werde ich das Fleisch braten, damit es gar wird. Der König mag es schön durchgebraten. Dann die Soßen und Beilagen herrichten. Zum Schluss das Dessert …
Wieder Hundegebell und Hörnerklang. Tom kommt wieder herein.
Küchenjunge: *John is here.*
Koch: John ist da? Wo ist der Kerl? Ich werde ihm die Ohren langziehen. Ich brauche die Lebensmittel, sonst kann ich doch nicht anfangen zu kochen.
Küchenjunge: *He doesn't have the basket with food.*
Koch: (aufgeregt) Was? Er hat nicht den Sack mit den Lebensmitteln dabei? Mach mich nicht wahnsinnig! Wieso nicht?
Küchenjunge: *He said, he had an accident. The horse fell into a ditch. John, too. And – the basket with food!*
Koch: So! Einen Unfall hatte er. Das Pferd ist in einen Graben gefallen. Und er! Und der Sack mit den Lebensmitteln! Und warum hat er den Sack nicht herausgeholt? Der Idiot!
Küchenjunge: *Because everything was wet, said John. He couldn't take the basket with him anyway, said John, because he had to walk.*

Plim-Plom-Plum-Pudding
(Fortsetzung)

Koch: Nass war also alles! Und laufen konnte er mit dem Sack auch nicht! Sag John, da soll er eben vorsichtiger reiten, sag ich. Na warte! Später knöpf ich mir den Burschen vor. Jetzt hab ich andere Sorgen. Tom, trag alles zusammen, was du an Essbarem in diesem schrecklichen Jagdhaus findest.

Küchenjunge: *Everything?*

Koch: Alles! Aber schnell!

Hundegebell und Hörnerklang näher.

Küchenjunge: *Eight ounces bread crumbs are here.*

Koch: Acht Unzen geriebenes Brot? Gib her.

Küchenjunge: *Here are raisins and sultanas.*

Koch: Rosinen und Weinbeeren können nicht schaden.

Küchenjunge: *Oxen's kidney fat, perhaps?*

Koch: Nierenfett vom Ochsen ist immer gut. Außerdem haben wir genug davon.

Küchenjunge: *Here are oranges and lemons.*

Koch: Orangen und Zitronen – sehr gut, aber erst auf Zucker abreiben.

Küchenjunge: *Sorry, but I've only found four eggs.*

Koch: Vier Eier? Das reicht.

Küchenjunge: *And there's only a handful of flour.*

Koch: Immer her mit dem Mehl, auch wenn's nur eine Hand voll ist.

Küchenjunge: *In this glass there is a little bit of apricot jam.*

Koch: Aprikosenmarmelade kann ich gebrauchen. So – nun gut verrühren und probieren. Na ja, na ja, da fehlt noch etwas. Tom, gib den Rum her.

Küchenjunge: *Madeira is also there and spices.*

Koch: Madeira und Gewürze? Ja, ein paar Nelken, Muskatnuss und eine Messerspitze voll Zimt. So, jetzt schmeckt's schon besser. Tom! Tom, richte das Bad her.

Küchenjunge: *For you, Chef?*

Koch: Nein, nicht für mich, du Tölpel! Das Wasserbad für den Pudding, natürlich.

Hörnerklang, Hundegebell, Pferdegetrappel, ganz nah. – Der König schaut in die Küche.

König: Koch! Wir haben einen Bärenhunger. Was gibt es den Gutes?

Koch: Majestät, bitte zu probieren.

König: Hm, excellent, superb, ausgezeichnet! Und wie heißt diese Köstlichkeit?

Koch: Eh, nun, es ist ein altes Rezept meiner Urgroßmutter.

König: Ja, ja, aber wie heißt es?

Koch: Eh, nun, Plim-Plom-Plum-Pudding.

Schweden

God jul och gott nytt år

Der Dezember ist in Skandinavien die dunkelste Zeit des Jahres. Die Nächte sind dann am längsten und der größte Teil des Winters liegt noch trübe vor den Menschen. Es ist sehr kalt und überall liegt hoher Schnee. Klima und Dunkelheit sind wohl die Ursache dafür, dass die Weihnachtszeit dort sehr intensiv erlebt und mit viel Licht und Unmengen von warmen Speisen gefeiert wird. Die ganze Familie kommt zusammen, sodass fast die gesamte Bevölkerung des Landes in Bewegung ist. Man reist weite Strecken, um in der Familie feiern zu können, und alle beteiligen sich an den Vorbereitungen.

Zu Beginn des Monats Dezember beginnen die Schweden mit der Weihnachtsbäckerei. Aus den Backöfen kommen Hunderte von Plätzchen, buttergelb oder sirupbraun, nach Nelken und Ingwer duftend, *pepperkakor* (Pfefferkuchen), *lussekatter* (Hefegebäck mit Safran und Rosinen) oder auch *klenätter* (in kochendem Fett gebackene, nach Cognac schmeckende Teigbänder).

Die Häuser werden weihnachtlich geschmückt. An die Fenster werden selbst gebastelte *Jul*-Sterne gehängt, die an die Sonnenräder aus heidnischer Zeit erinnern. *Jul* hat seinen Namen vom gotischen Wort *giou*, was Rad heißt. Bevor die Menschen in Nordeuropa Christen wurden, war es dort Brauch, strohumflochtene Räder, die man „Sonnenräder" nannte, anzuzünden und die schneebedeckten Berge hinunterrollen zu lassen. Zwölf Nächte dauerte damals die *Jul*-Zeit, in der die Menschen Waffen und Arbeit ruhen ließen, weil sie glaubten, dass ihre Götter feierliche Umzüge abhielten.

Außerdem werden die *Jul*-Böcke aufgestellt. Sie sind oft lebensgroß, aus Stroh geflochten und sollen den Ziegenbock des Gottes Thor darstellen, der reiche Gaben auf seinem Rücken trägt und somit ein Glücksbringer ist. Im *Jul*-Bock kann aber, gemäß einer anderen Version des Ursprunges dieser Tradition, auch noch die Erinnerung an den „Klapperbock" weiterleben, einem ungestümen, verkleideten Geist, der die Kinder stößt, wenn sie nicht beten wollen.

Am 13. Dezember feiern die Schweden das Luzia-Fest. Nach dem alten julianischen Kalender, der in Deutschland und Schweden bis ins 18. Jh. galt, war der 13. Dezember der dunkelste Tag des Jahres. Wie zum Ausgleich feierten die Menschen das Fest der heiligen Luzia, der „Lichtträgerin". Zu ihrer Person existieren zwei Legenden:

Die eine erzählt von einer schönen und reichen Sizilianerin aus Syrakus, die als Christin lebte, was im damaligen römischen Reich verboten war. Sie verschenkte ihren Reichtum an die Armen und weigerte sich, den Mann zu heiraten, den man für sie ausgesucht hatte. Da sie außerdem nicht von ihrem Glauben Abstand nehmen wollte, wurde sie im Jahre 310 zum Tode verurteilt, gefoltert und als Märtyrerin hingerichtet.

Die andere Legende erzählt von einer weisen Frau, die im Moor lebte. Jedes Jahr in den dunklen Wintermonaten soll sie über die Moore gekommen sein, um den Menschen Licht zu bringen.

In Erinnerung an diese Geschichten wählt jedes Dorf und jede Stadt ein schönes, junges Mädchen als Luzia-Braut. Es wird in ein langes, weißes Gewand mit einer roten Schärpe gekleidet und trägt einen immergrünen Kranz aus Preiselbeer- oder Moosbeerenblättern mit einer Lichterkrone aus brennenden Kerzen, heute allerdings häufig schon aus elektrischen Kerzen, die mit einer kleinen Batterie betrieben werden, auf dem Haar. Sie besucht Kindergärten und Schulen, Krankenhäuser und Heime, Betriebsfeiern und Universitäten und bietet Kaffee, *glögg* (einen besonders gewürzten Glühwein) und ein spezielles Gebäck, die „Luzia-Katzen" (*lussekatter)* aus Hefeteig mit Safran, Rosinen und Mandeln an.

Auch in jeder Familie gibt es eine Luzia-Braut. Sie wird traditionell von der ältesten Tochter gespielt, die von den anderen Mädchen und den mit spitzen, hohen Hüten, ebenfalls weißen Gewändern und Stäben mit einem goldenen Stern oben als Sternsingern verkleideten Jungen begleitet wird. Die Kinder wecken die Eltern, singen das Luzia-Lied und bringen ihnen am Morgen des 13. Dezember das Frühstück mit Kaffee und Safranbrötchen ans Bett, das dann gemeinsam dort verzehrt wird.

Kurz vor Weihnachten wird das ganze Haus mit frischen Blumen geschmückt. Auch duftende Hyazinthen, die schon Wochen vorher vorgezogen wurden, stellt man jetzt auf die Tische und Fensterbänke. Dann basteln alle Familienmitglieder den Schmuck für den Weihnachtsbaum: Strohsterne, Flechtherzen, mit buntem Papier verzierte Bonbons, Strohkörbchen und Ähnliches.

Am Heiligen Abend geht die ganze Familie zuerst in die Sauna – falls vorhanden – und nimmt danach nur eine einfache Mahlzeit zu sich: *lutfisk*, d. h. in der Sonne getrockneter, in Salzlake eingelegter Lengfisch, dazu eine weiße Soße, zerlassene Butter, Erbsen, Salzkartoffeln, viel frisch gemahlener Pfeffer, Senf und danach Reisbrei mit Zucker und Zimt, in dem eine Mandel versteckt wurde. Derjenige, der sie beim Essen findet, wird im nächsten Jahr besonders viel Glück haben.

Der erste Weihnachtstag beginnt wie überall mit dem Weihnachtsgottesdienst. Es schließt sich ein ausgiebiges Essen, das *smörgåsbord*, an, zu dem in jedem Fall ein *Jul*-Schinken gehört, d. h. ein schwach geräucherter, knusprig gebackener Schinken mit selbst gekochtem, säuerlichem Apfelmus und Rotkohl. Außerdem stehen noch Leberpastete, Kasseler Braten, aromatisch nach Majoran und Thymian duftende Würste, einige gekocht, andere in Scheiben geschnitten und gebraten, Sülze, eingelegter Hering, Heringssalat und vieles andere mehr auf dem weihnachtlichen Festtisch.

Nach dem Essen werden traditionelle Weihnachtslieder gesungen und man tanzt dazu um den geschmückten Tannenbaum, der in der Mitte des Zimmers steht.

Erst jetzt dürfen die Kinder die Geschenke auspacken, die der Weihnachtsmann, der *Jultomte*, in einem Sack gebracht hat. Er trägt einen dicken Pelzmantel und kommt angeblich von weither aus Lappland mit seinem Rentierschlitten. Jedes Geschenk ist ganz dick mit vielen Lagen Papier eingewickelt und enthält immer auch ein lustiges, manchmal sogar bissig-ironisches Gedicht, das sich auf den Empfänger des Geschenks bezieht.

Die Sitte des *Julklapp*, aus dem sich das auch bei uns bekannte „Wichteln" entwickelt hat, hat sich bis heute erhalten: Man klopft bei Freunden an die Tür – meistens am 26. und 27. Dezember – und wirft oder stößt sein Geschenk schnell und heimlich in das Zimmer, um nicht entdeckt zu werden.

Manchmal wird sogar ein Handschuh aus Silberpapier über die Hand gewickelt, damit wirklich niemand erkennen kann, wem diese Hand gehört. Die Geschenke sind ebenfalls ausgiebig verpackt und mit einem lustigen Gedicht versehen.

Da Weihnachten in Schweden, besser: überall in Skandinavien, einen so hohen Stellenwert hat, geht die „Feierei" häufig noch mehrere Tage weiter. Viele Schweden beenden sie nicht vor dem 13. Januar, dem Tag des heiligen Knut.

Auf der nächsten Seite finden Sie eine tabellarische Übersicht mit einem möglichen Projektablauf.

☆ ☆ ☆ Möglicher Projektablauf ☆ ☆			
Montag	**Dienstag**	**Mittwoch**	**Donnerstag**
Informationen über das Land	Erarbeitung des Textes „Von der lichtbringenden Luzia in Schweden" und Formulierung einer Kurzfassung	Aussägen und Anmalen von Holzsternen für die Luzia-Prozession und als Geschenk für die Eltern	Lernen des bekanntesten schwedischen Weihnachtsliedes *Nu är det jul igen*
Begegnung mit der schwedischen Sprache über das Lied *Stilla Natt*	Basteln (in Gruppen) von 1. Luzia-Kronen 2. Sternenhüten	Lied *Karussellen*	Basteln von 1. Flechtherzen 2. Strohsternen 3. Papierbonbons
Berechnung der Zutatenmengen für die Backrezepte	Singen der Luzia-Lieder: 1. *Santa Lucia* 2. Luzia ist wieder hier	*Julklapp* (Wichteln)	Schmücken des Weihnachtsbaums mit den Bastelarbeiten
Backen von 1. *Kringlor* 2. *Elchen* 3. *Lussekatter*	evtl. Kreisspiel zu: Luzia ist wieder hier	Geschichte „Weihnachten in Krusidull"	Generalprobe der Luzia-Prozession für den Elternnachmittag
Lesen der Geschichte „Wie wir in Bullerbü Weihnachten feiern"			

Nach einer Einstimmung der Kinder durch einen Lehrervortrag über das Land kann sich eine erste Begegnung mit der schwedischen Sprache anschließen. Über das wahrscheinlich allen Kindern auf Deutsch bekannte Lied „Stille Nacht, heilige Nacht" können erste Parallelen zu dem Lied *Stilla natt* entdeckt werden, vor allem, wenn man die wörtliche Übersetzung des Liedes zugrunde legt:

> *Stilla Natt, heliga natt!*　　Stille Nacht, heilige Nacht!
> *Stilla Natt, heliga natt!*　　Stille Nacht, heilige Nacht!
> *Allt är frid, stjärnan blid*　　Alles ist friedlich, der strahlende Stern
> *skiner på barnet i stallets strå*　　leuchtet über dem Kind im Stroh des Stalles
> *och de vakande fromma två.*　　und den beiden wachenden Frommen.
> *Kristus till jorden är kommen,*　　Christus ist zur Erde gekommen,
> *oss är en frälsare född.*　　uns ist ein Retter geboren.

Frid und „friedlich", *stjärnan* und „Stern", *stallets strå* und „Stroh des Stalles", *vakande fromma* und „wachende Fromme", *kommen* und „gekommen" haben eine analoge Wortmelodie und sind auch ohne schwedische Sprachkenntnisse zu verstehen.

Aus der Zweisprachigkeit der Rezepte ergeben sich weitere Ähnlichkeiten, sodass die auf den ersten Blick sehr fremd erscheinende Sprache viel von ihrer Fremdheit verliert.

Da die Kinder in unserem Projekt gerne die dreifache Menge an Plätzchen backen wollten, ergab sich ein mathematisches Problem: die Berechnung der einzukaufenden Zutaten! Die erworbenen Einmaleinskenntnisse reichten für die meisten Mengenangaben aus. Wie viel jedoch sind 3 mal $\frac{1}{2}$ Teelöffel? An dieser Stelle fand eine erste Begegnung mit der Bruchrechnung statt, die sich aus der Mathematisierung einer realen Situation ergab. Häufig finden sich ähnlich fruchtbare Momente während des projektorientierten Lernens, die zu nutzen sinnvoll ist.

Um mit den schwedischen Weihnachtsbräuchen vertrauter zu werden, bietet sich das Lesen von „Wie wir in Bullerbü Weihnachten feiern" an, was allerdings nur einen Einblick in das traditionelle Feiern des ländlichen Schwedens ohne Hektik und Kommerzialisierung gibt (LINDGREN 1995). Weitere Bücher zu dem Thema wären „Tomte Tummetott" (LINDGREN 1985), „Als wir eingeschneit waren" (PETERSON 1989), „Weihnachten in Krusidull" von Anne Andersson (IMKER 1982, S. 64 ff.), oder auch die den Kindern wahrscheinlich schon bekannten „Pettersson kriegt Weihnachtsbesuch" und „Morgen, Findus, wird's was geben" (NORDQUIST 1989).

Der nächste Tag könnte dem Luzia-Brauch gewidmet sein, der zwar schon am 13. Dezember gefeiert wird, aber ein besonders wichtiges, von deutschen Traditionen abweichendes, vorweihnachtliches Fest ist, das die langen, dunklen skandinavischen Winter erhellt.

Ausgehend von dem Text „Von der lichtbringenden Lucia in Schweden" (HOFFMANN/EHLERS-JUHLE 1997, S. 18) kann für die Kinder selbst und auch für die Eltern eine Kurzfassung des Brauchtums erstellt werden, die ein Kind eventuell auf der Weihnachtsfeier vorträgt. Im Anschluss daran basteln die Kinder die Requisiten für eine Luzia-Prozession: Luzia-Kronen für die Mädchen und Sternenhüte für die Jungen. Zur kompletten Ausstattung gehören außerdem für die Mädchen lange, weiße Kleider (vielleicht die Kommunionskleider) und ein Teller mit den traditionellen *lussekatter*, für die Jungen schwarze Hosen und weiße T-Shirts (oder ähnlich einheitliche Kleidung) und an Stangen befestigte, große Holzsterne. Die Kinder müssen jetzt noch die Luzia-Lieder lernen (Das Lied *Santa Lucia* findet sich in HOFFMANN/EHLERS-JUHLE 1997, S. 26).

Weihnachten wird in Schweden viel ausgelassener und fröhlicher gefeiert als bei uns. Deshalb gehören Lieder wie das traditionelle *Karussellen* zum Fest dazu, die zum Tanz um den Weihnachtsbaum herum gesungen werden.

Die Tradition des *Julklapp* ist hier zu Lande als Wichteln bekannt geworden. Dazu werden alle Namen der Kinder auf kleine Zettel geschrieben, zusammengefaltet und in eine Schachtel gelegt. Jedes Kind darf jetzt den geheim zu haltenden Namen eines anderen herausziehen, für das es ein kleines Geschenk (eventuell dick eingepackt und mit einem ironischen Text oder Gedicht versehen) mit dem Namensschild des Empfängers vorbereiten muss. Diese Geschenke werden in einem Sack gesammelt und in einer Feierstunde verteilt, ohne dass der Absender bekannt werden darf.

Das wohl landesweit bekannteste schwedische Weihnachtslied *Nu är det jul igen* lädt noch einmal zur Arbeit an der fremden Sprache ein.

Flechtherzen, Strohsterne in vielen verschiedenen Formen und Papierbonbons sind in Schweden die beliebtesten Weihnachtsbaumanhänger. Auf eine Anleitung für Strohsterne wurde hier verzichtet, da sie in jedem handelsüblichen Weihnachtsbastelbuch zu finden ist.

★ Programm für den Elternnachmittag

1. Singen des Liedes *Stilla Natt* oder *Nu är det jul igen*
2. Tanz der Kinder um den traditionell geschmückten Tannenbaum zu dem Lied *Karussellen*
3. Vortrag des Kurztextes zum Luzia-Brauchtum
4. Einzug der Luzia-Prozession
5. Gemeinsames Singen der Luzia-Lieder (Textblätter für die Eltern)
6. Überreichen der Holzsterne als Geschenk für die Eltern
7. Kaffee trinken mit schwedischem Gebäck, das die Luzia-Bräute servieren

Anschließend könnte die Luzia-Prozession noch singend und Gebäck verteilend durch die Schule ziehen. Vielleicht würden sich auch die alten Menschen in einem Altersheim des Wohnortes über einen Besuch in den nächsten Tagen freuen.

Materialübersicht

★ **Lieder:**
 – *Karusellen*
 – *Nu är det jul igen*

★ **Rezepte:**
 – Schwedisches Safranbrot
 – Elche aus Honigkuchenteig
 – *Kringlor*

★ **Bastelanleitungen:**
 – Schwedische Flechtherzen
 – Lichterkranz für Luzia-Bräute
 – Sternenhüte für Sternenjungen
 – Papierbonbons

Karusellen

Jung-fru, jung-fru, jung - fru skön, här är ka - ru - sel - len

som skall gå till kvä - len. Ti - o för de sto - ra och

fem för de små, skynda på, skyn-da på nu skall ka - ru - sel-len gå. För

ha ha ha, nu går det så bra för Andersson och Peters son och

1. C — Lund - ström å ja`. För

2. C — Lund - ström å ja`.

Wörtliche Übersetzung:

Jungfer, Jungfer, schöne Jungfer
hier ist das Karussell,
das sich am Abend drehen soll.
10 für die Großen, 5 für die Kleinen,
beeil dich, beeil dich,

jetzt fängt das Karussell an
sich zu drehn.
Ha ha ha, jetzt geht es
Andersson und Petersson und Lundström
so gut.

Nu är det jul igen

Weihnachten ist 's nun wieder

Weihnachten ist's nun wieder,
Weihnachten ist's nun wieder
Weihnacht soll nun sein bis Ostern!
Ja, unser Osterfest,
ach, ja unser Osterfest,
ach Ostern soll bis Weihnacht dauern!
Weihnachten ist's nun wieder,
Weihnachten ist's nun wieder,
Weihnacht soll nun sein bis Ostern!
Doch leider geht das nicht,
doch leider geht das nicht,
's liegt die Fastenzeit dazwischen.

Nu är det jul igen,
och nu är det jul igen,
och julen vara ska' till påska.
Så är det påsk igen,
och så är det påsk igen,
och påsken vara ska' till jula.
Nu är det jul igen,
och nu är det jul igen,
och julen vara ska' till påska.
Det var intesant,
det var intesant,
för däremellan kommer fasta.

Schwedisches Safranbrot
Lussekatter

Das brauchst du:

500 g Mehl
40 g Hefe
1/8 l Milch oder Sahne
50 g Zucker
1 Prise Salz
2 Eier
100 g Margarine
1 Esslöffel Rum
1/2 Teelöffel Safran
2 Teelöffel Milch
1/2 Tasse gewaschene und
   abgetrocknete Rosinen
50 g gemahlene Mandeln
2 Eigelb
blättrig geschnittene Mandeln

Du behöver:

500 g hvetemjöl
40 g jäst
1/8 l mjölk eller grädde
50 g socker
1 nypa salt
2 ägg
100 g margarin
1 matsked rum
1/2 tesked safran
2 teskedar mjölk
1/2 kopp tvättade och torkade
   russin
50 g malda mandlar
2 äggulor
flagad mandlar

So wird 's gemacht:

1. Das Mehl in eine Schüssel sieben und eine Vertiefung in die Mitte drücken. Die Hefe hineinbröckeln und mit etwas Zucker, der lauwarmen Milch und etwas Mehl vermischen. Dann etwa 15 Minuten abgedeckt gehen lassen.
2. Den Safran in den 2 Esslöffeln Milch auflösen.
3. Die weiche Margarine, die Eier, den restlichen Zucker, das Salz, den Safran, den Rum (eventuell durch Wasser ersetzen), die Rosinen und die Mandeln zum Vorteig geben und so lange kneten, bis der Teig Blasen wirft.
4. Den Teig weitere 15 Minuten abgedeckt an einem warmen Ort gehen lassen.
5. Den Teig in zwei oder drei Stränge teilen und daraus einen Zopf flechten. Die Schweden formen häufig auch Brötchen oder Katzen aus dem Teig.
6. Noch mal gehen lassen.
7. Den Teig mit verquirltem Eigelb einpinseln und mit den blättrig geschnittenen Mandeln bestreuen.
8. In einen auf 200 Grad vorgeheizten Backofen schieben und ca. 35 bis 40 Minuten backen.

Smaklig måltid!, sagt man in Schweden.

Elche aus Honigkuchenteig

Das brauchst du für 16 Stück:

500 g Honig
200 g Zucker
$1/2$ Teelöffel Salz
200 g Margarine
4 Esslöffel Wasser
1 kg Mehl
Mehl zum Arbeiten
30 g Kakao
1 Päckchen Lebkuchengewürz
2 gehäufte Teelöffel Hirschhornsalz
Milch zum Bestreichen

Du behöver för 16 stycker:

500 g honung
200 g socker
$1/2$ tesked salt
200 g margarin
4 matskedar vatten
1 kg hvetemjöl
hvetemjöl för utbakningen
30 g kakao
1 paket peppar kakskryddor
2 teskedar hjorthornsalt
mjölk till pensling

So wird 's gemacht:

1. Honig, Zucker, Salz, Margarine und Wasser in einem Topf unter Rühren aufkochen lassen.
2. In einer Rührschüssel abkühlen lassen. 750 g Mehl, Kakao und Lebkuchengewürz unterkneten. Teig mit Alufolie abdecken und 24 Stunden ruhen lassen.
3. Restliches Mehl und Hirschhornsalz mischen und gründlich unter den Teig kneten.

4. Teig portionsweise auf leicht bemehlter Arbeitsfläche ½ cm dick ausrollen. Mit der Rolle hochnehmen und auf dem mit Backpapier ausgelegten Backblech abrollen. Bemehlte Schablone drauflegen und die Formen mit einem spitzen Messer ausschneiden. Restlichen Teig und die Schablone wegnehmen.
5. Die Oberfläche der Elche mit Milch einpinseln.
6. Bei 180 Grad (Gas Stufe 2, Umluft 150 Grad) im vorgeheizten Backofen 15 bis 20 Minuten backen.
7. Elche vom Blech nehmen und auskühlen lassen.

Schablone

Guten Appetit!

Smaklig måltid!, sagt man in Schweden.

PS: Mit einem oben in der Mitte durchgezogenen Band und vielleicht einer bunten Schleife um den Hals eignen sich die Elche auch sehr gut als Schmuckanhänger für den Weihnachtsbaum!

KRINGLOR

Das brauchst du für ca. 40 Stück:
100 g geschälte Mandeln
200 g weiche Butter
200 g Zucker
1 Päckchen Vanillezucker
2 Prisen Salz
1/2 Teelöffel geriebene Zitronenschale
10 Tropfen Bittermandelöl
2 Eier
2 Eigelb
450 g Mehl
Zum Bestreichen: 1 Eigelb
Zum Bestreuen: Hagelzucker

Du behöver för 40 stycker:
100 g skalad mandlar
200 g mjuk smör
200 g socker
1 paket vanilj socker
2 nypor salt
1/2 tesked riven citronskal
10 droppar bitter mandelolja
2 ägg
2 äggulor
450 g hvetemjöl
Till pensling: 1 äggula
Att strö på: hagelsocker

So wird 's gemacht:

1. Mandeln auf einem Backblech im Backofen bei 150 Grad 5 Minuten rösten. Abkühlen lassen und sehr fein mahlen.
2. Butter mit Zucker, Vanillezucker und Gewürzen schaumig rühren.
3. Eier, Eigelb, Mandeln und das Mehl zuerst unterrühren, dann kneten.
4. Den Teig in 4 Teile teilen, zwischen Klarsichtfolie zu 4 cm dicken Rollen formen und 1 Stunde in den Kühlschrank stellen.
5. Backbleche mit Backpapier auslegen.
6. Von den Teigrollen ca. 1 cm dicke Scheiben abschneiden, mit der Handfläche zu ca. 20 cm langen Würstchen rollen und diese auf dem Backblech zu Brezeln legen.
7. Eigelb mit 1 Esslöffel Wasser verrühren, *Kringlor* damit bepinseln und mit Hagelzucker bestreuen.
8. Bei 150 Grad (Gas Stufe 1, Umluft 125 Grad) in der Mitte des vorgeheizten Backofens ca. 12 Minuten goldgelb backen.
9. *Kringlor* kurz auf dem Blech abkühlen lassen, erst dann vorsichtig abnehmen.

GUTEN APPETIT !

Smaklig måltid!, sagt man in Schweden.

SCHWEDISCHE
FLECHTHERZEN

Flätade hjärtor

Das brauchst du:

★ Tonpapier in 2 verschiedenen Farben
★ Bleistift
★ Schere
★ Kleber

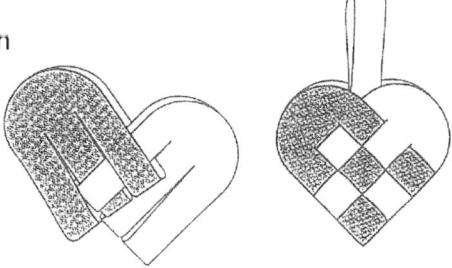

So wird 's gemacht:

1. Ein Stück Tonpapier in der Mitte falten. Schablone auf das Tonpapier legen und mit dem Bleistift nachmalen.
2. Form ausschneiden. Dabei die Streifen gleichmäßig einschneiden.
3. Das Gleiche mit dem Tonpapier in der anderen Farbe wiederholen.
4. Die beiden entstandenen Teile wie auf dem Bild ineinander flechten.
5. Aus einem Streifen Tonpapier einen Aufhänger ankleben.

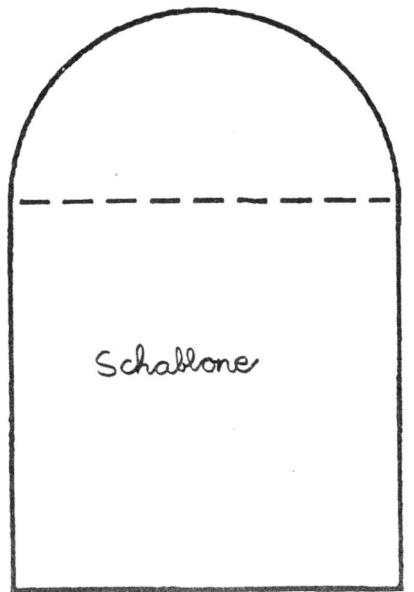

Schablone

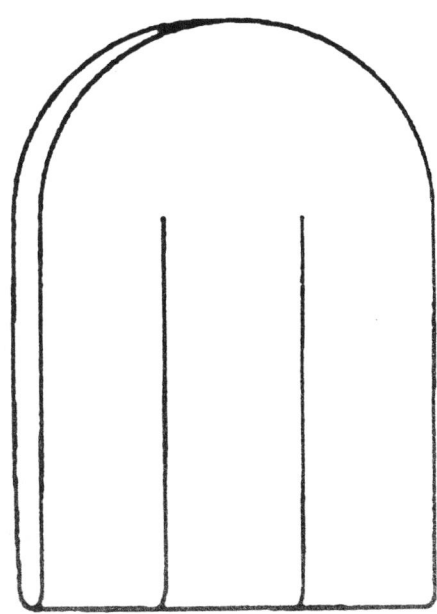

LICHTERKRANZ FÜR LUZIA - BRÄUTE

Luciakronan för Lucia

Für einen „echten" Lichterkranz benötigst du einen Styroporring aus einem Bastelgeschäft. Den besteckst du mit Preiselbeer- oder Immergrünzweigen und Kerzenhaltern mit Kerzen.

Da die brennenden Kerzen auf dem Kopf sehr gefährlich sind, bastelst du vielleicht doch besser den Lichterkranz aus Tonpapier.

Dafür brauchst du:
★ dickes, weißes Tonpapier (10 x 50–55 cm)
★ Bleistift, Filzstifte

So wird 's gemacht:

1. Den Tonpapierstreifen in 6–7 cm breite Ziehharmonikafalten knicken und zusammenlegen.
2. Auf das obere Teil der Ziehharmonika eine Kerze malen. Unten etwa 4 cm Rand frei lassen.
3. Die Kerze so ausschneiden, dass auf allen Teilen der Ziehharmonika eine Kerze entsteht, also durch alle Teile hindurch. Beim Auseinanderziehen haben wir einen Lichterkranz mit mehreren Kerzen.
4. Die Enden dieses Kranzes zusammenkleben.
5. Den Rand des Kranzes mit Immergrünzweigen bemalen (oder vielleicht auch mit echten Zweigen bekleben?). Die Kerzen weiß oder rot und ihre Flammen gelb anmalen.

Jetzt kannst du die Lichterkrone auf den Kopf setzen. Wenn du noch ein weißes Kleid (vielleicht dein Kommunionskleid), ein weißes Nachthemd oder auch ein zusammengestecktes Bettlaken anziehst, siehst du wie eine richtige Luzia-Braut aus.

Sternenhüte für die Sternenjungen
Hattar för stjärngossor

Das brauchst du:
- ★ Bindfaden, ca. 50 cm lang
- ★ Bleistift
- ★ dickes, schwarzes (oder auch weißes) Tonpapier, 50 x 50 cm
- ★ Goldfolie oder gelbes Tonpapier
- ★ evtl. Musterklammern
- ★ evtl. Gummiband

So wird 's gemacht:

1. An einem Ende des Bindfadens den Bleistift befestigen. Das andere Ende des Bindfadens auf eine Ecke des Tonpapiers drücken und mit dem Bleistift einen Viertelkreis zeichnen.
2. Aus diesem Viertelkreis ein schmales Tortenstück abschneiden. Das übrig gebliebene größere Stück ausschneiden.
3. Daraus eine spitze Tüte formen und die Seitenränder gut zusammenkleben. Als Verstärkung eventuell mit Musterklammern zusammenheften.
4. Den Hut noch mit Sternen aus Goldfolie oder gelbem Tonpapier bekleben.
5. Falls der Hut leicht vom Kopf rutscht, am unteren Rand an gegenüberliegenden Seiten zwei Löcher einstechen und die Enden eines Gummibandes anknoten.

Jetzt brauchst du nur noch einen Sternenstab!
Dazu suchst du dir einen Holzrest, ca. 40 x 40 cm groß und einen langen Stock (Ø ca. 1 cm). Aus dem Holz sägst du einen Stern aus, malst ihn mit gelber oder goldener Farbe an und befestigst ihn oben an dem Stab.

PAPIERBONBONS

Karameller

Das brauchst du:
- ★ Bonbons
- ★ buntes Krepppapier
- ★ dünnes Band oder Faden
- ★ Schere

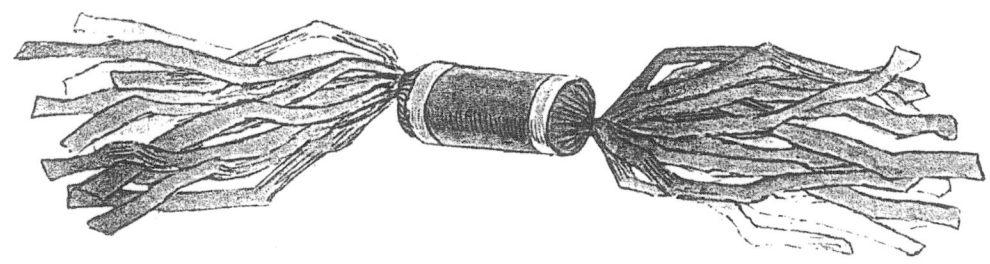

So wird 's gemacht:

1. Aus dem Krepppapier ein ca. 25 x 10 cm großes Stück ausschneiden.
2. Einen Bonbon darin einrollen. An beiden Seiten des Bonbons mit einem Band abbinden.
3. Die seitlich überstehenden Krepppapierstücke in dünne Streifen schneiden.

So sehen die Bonbons aus, wenn sie fertig sind.
Sie werden in Schweden an den Weihnachtsbaum gehängt.

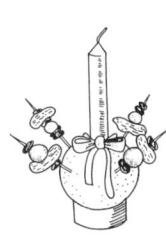

Zur Integration der Projektergebnisse

Zum Abschluss der Projektwoche bietet sich eine Nikolausfeier für die ganze Schule an. Der als Nikolaus verkleidete Hausmeister (oder ein Elternteil) begrüßt die Kinder und fragt, ob sie in diesem Jahr etwas für ihn vorbereitet haben, das sie ihm jetzt darbieten könnten.

Nun kann jede Projektgruppe einen kurzen Text zu den Weihnachtsbräuchen in „ihrem" Land vortragen oder von ihrer Arbeit während der letzten Tage erzählen. Dann singt sie vielleicht ein Weihnachtslied in der jeweiligen Landessprache vor, rezitiert ein Gedicht, führt ein szenisches Spiel auf o. Ä.

Im Anschluss an die Nikolausfeier können sich die Kinder ein vorbereitetes Puzzle (s. folgende Seiten) holen, das Fragen zu den Weihnachtsbräuchen in den einzelnen Ländern enthält. Um sie sachgerecht und damit richtig beantworten zu können, müssen die Kinder durch die anderen Klassen gehen und sich deren Arbeitsergebnisse ansehen oder auch Kinder interviewen, die sich mit dem jeweiligen Land beschäftigt haben. Sind die Fragen richtig beantwortet, ergibt sich zusammengelegt nach den Nummern das Bild.

Während unserer Projektwoche machten die Kinder sehr ausgiebig Gebrauch von dieser Möglichkeit, Einblick in die Projektresultate der anderen Klassen zu nehmen. Die landestypischen Dekorationen, die Verkleidungen z. B. für den Luzia-Brauch in Schweden, die handwerklichen Arbeiten, die teilweise noch zu probierenden Plätzchen interessierten sie besonders auf ihrem Rundgang durch die Schule. Das Puzzle fungierte als willkommener Gesprächsanlass, der bei vielen Kindern vorhandene Hemmungen, Kinder aus anderen, zum Teil höheren Klassen anzusprechen, zu minimieren half.

Der Begleiter von Sinterklaas heißt	**Väterchen Frost beschert die Kinder in**	**Kinder, die nicht brav waren, bekommen von der Hexe Befana nur**
Tschert. 5	Russland. 6	Kartoffeln. 6
Zwarte Piet. 10	Schweden. 3	Kohle. 7
Am 6. Januar, dem Dreikönigstag, werden	**In England muss man sich unter dem Mistelzweig**	**Das Pferd von Sinterklaas bekommt von den holländischen Kindern**
die Kinder in Spanien beschenkt. 4	küssen. 9	Wasser und Mohrrüben. 11
die Kinder in England beschenkt. 8	umarmen. 7	Wasser und Heu. 2
Die Babuschka, die Väterchen Frost begleitet, ist	**In Schweden heißt der Weihnachtsmann**	**In Spanien ist Weihnachten ein**
eine alte Frau. 5	Jultomte. 2	lautes, fröhliches Fest. 8
das russische Christkind. 11	Babbo Natale. 4	eine stille Feier. 12
Der Weihnachtskuchen in Italien heißt	**In Schweden wird die Heilige Luzia gespielt von**	**Der englische Weihnachtsmann kommt**
Plum-Pudding. 1	der ältesten Tochter. 1	mit dem Schiff. 9
Panettone. 12	der Oma. 10	einem Rentierschlitten. 3

Literatur

ANCORI, I. et al.: Mon Livre de Noël. Paris: Hachette 1994

Bausteine Grundschule 2/93. 4: Guten Morgen, Europa! Bergmoser + Höller

Bausteine Grundschule 3/89. 4: Engel, Hirten, Könige und ein Kind. Bergmoser + Höller

BEAUMONT, É.: Dein buntes Wörterbuch: Weihnachten. Saarbrücken: Fleurus 1996

BEBERMEIER, H.: Begegnung mit Englisch. Beispiele für die Klassen 1–4. Berlin: Cornelsen Scriptor 1992

BECKER, E./FUCHSHUBER, A.: Kinder sehen dich an. Adventskalender zum Vorlesen und Basteln. Lahr: Ernst Kaufmann

BERNADETTE: Varenka. Zürich, Hamburg, Salzburg: Nord-Süd-Verlag 1996[14]

CRETIN, N.: Les Livres des Fêtes. Paris: Éditions Gallimard 1991

Die Grundschulzeitschrift 56: Fremd?Sprachen. Seelze: Friedrich 1992

DIRX, R./SACK, R.: Weihnachten in aller Welt. Ein Adventskalender zum Basteln und Vorlesen. Lahr: Ernst Kaufmann 1997[12]

ERNÉ, A. L.: Die Geschichte vom Mailänder Panettone. In: EXINGER, H. (Hg.): Weihnachtserzählungen aus europäischen Mittelmeerländern. Gütersloh: Gütersloher Verlagshaus 1996

FAUST-SIEHL, G./GARLICHS, A./RAMSEGER, J./SCHWARZ, H./WARM, U.: Die Zukunft beginnt in der Grundschule. Empfehlungen zur Neugestaltung der Primarstufe. Reinbek bei Hamburg: rororo 1996

FUCHS, P./GUNDLACH, W.: Unser Musikbuch – Dudelsack. Stuttgart: Klett 1981[6]

GANTSCHEV, J.: Der Weihnachtsteddybär. Salzburg/München: Neugebauer Press 1992

GROẞE-JÄGER, H. (Hg.): Arbeitshilfen für Musik in Kindergarten und Grundschule. Heft 64. Boppard: Fidula 1994

Grundschule: Kinder begegnen Sprachen. Braunschweig: Westermann, Heft 12/1993

HAUS, K.: Weihnacht in aller Welt. Ausländische Weihnachtslieder für 1–2stimmigen Kinderchor und Instrumente

HEGELE, I., u. a.: Kinder begegnen Fremdsprachen. Braunschweig: Westermann 1994

HOFFMANN, K. W./EHLERS-JUHLE, J.: Weihnachten mit Kindern. Lieder, Geschichten, Bastelideen und Bräuche aus ganz Europa. München: Südwest 1997

HOFFMANN, K. W./EHLERS-JUHLE, J.: Weihnachten überall. Lieder, Geschichten, Rezepte, Bräuche und Bastelideen aus ganz Europa. München: Südwest 1994

HORNBOGEN, CH./MIRTSCHIN, J.: Märchen aus Russland. Hamburg 1997[3]

HUESLER, S.: Befana und der Hexenbesen. Eine Tonkassette für Kinder. Weinheim und Basel: Beltz 1992

ICHIKAWA, S.: Frohe Weihnacht überall. Wien: Ueberreuter 1988[3]

IDEN, K./GRÜN, A./ SCHWEIZER, R.: Weihnachten – Fest für die Welt. Künzelsau: Sigloch Edition 1996

IMKER, J. (Hg.): Advents- und Weihnachtsgeschichten – Kindern erzählt. Gütersloh: Gütersloher Verlagshaus 1982[2]

Internationale Jugendbibliothek München: Weihnachtliches Brauchtum im Bilderbuch, Ausstellungskatalog

Journal 3/94, hg. von Deutsch-italienische Lehrer- und Lehrerinnen-Vereinigung Nordrhein-Westfalen

KLEIN, T. M.: Musikinstrumente mit Kindern bauen und spielen. Niedernhausen/Ts.: Falken 1991

Kooky. Unterrichtswerk für den frühbeginnenden Unterricht. Berlin: Cornelsen 1993

KRÜSMANN, G.: Begegnungen – Fremde Sprachen kennen(lernen). In: neue deutsche schule 23/24 1993

Landesinstitut für Schule und Weiterbildung (Hg.): Begegnung mit Sprachen in der Grundschule. Reader. Soester Verlagskontor 1994

Landesinstitut für Schule und Weiterbildung (Hg.): Begegnung mit Sprachen in der Grundschule. Leitfaden für Konferenzen. Soester Verlagskontor 1992

Landesinstitut für Schule und Weiterbildung (Hg.): Begegnung mit Fremdsprachen in der Grundschule: Beispiel Englisch – Grundsätze und Empfehlungen für die Praxis. Soester Verlagskontor 1985

Landesinstitut für Schule und Weiterbildung (Hg.): Begegnung mit Sprachen in der Grundschule: Niederländisch. Bij ons op school. Soester Verlagskontor 1994

Landesinstitut für Schule und Weiterbildung (Hg.): Begegnung mit Sprachen in der Grundschule: Französisch. Bonne fête. Bönen: Kettler 1995

Landesinstitut für Schule und Weiterbildung (Hg.): Begegnung mit Sprachen in der Grundschule: Italienisch. Buon appetito. Soester Verlagskontor 1992

Landesinstitut für Schule und Weiterbildung (Hg.): Die „Eine Welt" im Unterricht der Grundschule. Bausteine einer Didaktik „globalen Lernens" in der Grundschule mit Erfahrungsberichten, Beispielen, Adressen und Servicestationen. 1997

Landesinstitut für Schule und Weiterbildung (Hg.): Interkulturelles Lernen in Schule und Städten hilft Fremdenfeindlichkeit überwinden. Bönen: Kettler 1995

Landesinstitut für Schule und Weiterbildung (Hg.): Lernen für Europa. Informationen zu Projekten des sprachlichen und interkulturellen Lernens. Heft 5. Soester Verlagskontor 1994

Landesinstitut für Schule und Weiterbildung (Hg.): Lernen für Europa. Abschlussbericht eines Modellversuchs. Bönen: Kettler 1995

Landesinstitut für Schule und Weiterbildung (Hg.): Sprachliche Begegnung und fremdsprachliches Lernen in der Grundschule. Ergebnisse einer Fachtagung. Soester Verlagskontor 1992[2]

LANGEN, A./DROOP, C.: Briefe von Felix. Ein kleiner Hase auf Weltreise. Münster: Coppenrath 1994

LANGEN, A.: Es weihnachtet sehr. Backen, basteln, spielen, lachen, lesen – 24 Überraschungen für die Adventszeit. Münster: Coppenrath 1990

LEONI, U./PASCHMANN, M./PELZ, M./RATTUNDE, E./WISSEBACH-WAGNER, H.: Viens voir. Französisch in der Grundschule. Schülerarbeitsbuch. Frankfurt am Main: Diesterweg 1987

Liedjes voor Sinterklaas met notenbalken. Aartselaar: Deltas

LINDGREN, A.: Weihnachten in Bullerbü. Hamburg: Oetinger 1995

LINDGREN, A.: Tomte Tummetott. Hamburg: Oetinger 1985

LOHF, S.: Hurra, der Weihnachtsmann ist da! Hamburg: Carlsen 1992

MAIER, W.: Fremdsprachen in der Grundschule. Eine Einführung in ihre Didaktik und Methodik. Berlin und München: Langenscheidt 1995[5]

MARBURGER, H. (Hg.): Schule in der multikulturellen Gesellschaft. Ziele, Aufgaben und Wege Interkultureller Erziehung. Frankfurt am Main: Verlag für Interkulturelle Kommunikation 1991

MARCONDIRONDELLO. Canti per bambini nella tradizione popolare italiana. Firenze: Giunti Gruppo Editoriale 1994

MICHL, R./MICHELS, T.: Es klopft bei Wanja in der Nacht. München: Ellermann 1997[16]

NORDQUIST, S.: Pettersson kriegt Weihnachtsbesuch. Hamburg: Oetinger 1989

OLIOSO, D.: Un anno insieme. Canzoni Vol. 2. Selbstverlag

OOMEN, F.: Sinterklaas en de Bosmuisjes. Houten: Van Holkema & Warendorf 1995

PAHLEN, K.: Die schönsten Weihnachtslieder aus der ganzen Welt – in Originalsprache und Übersetzung mit Noten für Gitarre, Akkordeon, Klavier. Zürich: Hug & Co. 1994

PETERSON, H.: Als wir eingeschneit waren. Hamburg: Oetinger 1989

PIEPHO, H.-E.: Englisch in der Grundschule. Handreichungen und Materialien für den Fremdsprachenunterricht in der Grundschule. Bochum: Kamp 1992

POMMERIN, G. (Hg.): „Und im Ausland sind die Deutschen auch Fremde!" Interkulturelles Lernen in der Grundschule. Frankfurt am Main: Arbeitskreis Grundschule e. V 1995[2]

Références. Le magazine des enseignants de français. – Spécial Noël – Berlin: Cornelsen 1996

REICH, H. H./PÖRNBACHER, U. (Hg.): Interkulturelle Didaktiken. Fächerübergreifende und fächerspezifische Ansätze. Münster/New York: Waxmann 1993

RINSER, L.: Drei Kinder und ein Stern. Frankfurt am Main: Fischer 1994

SCHÖNFELDT, S./STRÖBL-WOHLSCHLÄGER, I.: Das große Ravensburger Weihnachtsbuch. – Basteln, Backen, Kochen, Feiern. Ravensburg: Otto Maier

SCHWEIGGERT, A. (Hg.): Weihnachtszeit in aller Welt. Wie man in Europa und anderswo Weihnachten feiert. Puchheim: pb-Verlag 1994

SOLTENDIECK, M./OBERHUEMER, P.: Eins, zwei, drei – Zauberei. Begleitheft zur Tonkassette Befana und der Hexenbesen. Weinheim und Basel: Beltz 1992

Stadt Dortmund/Schulverwaltungsamt: Regionale Arbeitsstelle zur Förderung ausländischer Kinder und Jugendlicher (Hg.): Weihnachten in Europa. Spanien. Materialien für Eltern, Lehrer und Schüler (ebenso für Italien)

ULICH, M./OBERHUEMER, P./REIDELHUBER, A. (Hg.): Der Fuchs geht um ... auch anderswo. Kinderkultur aus Türkei – Griechenland – Italien – Spanien – Portugal – den Ländern des ehemaligen Jugoslawien. Ein multikulturelles Spiel- und Arbeitsbuch. Weinheim und Basel: Beltz 1993[4]

ULICH, M./OBERHUEMER, P.: Es war einmal, es war keinmal ... Geschichten aus Türkei – Griechenland – Italien – Spanien – Portugal – den Ländern des ehemaligen Jugoslawien. Ein multikulturelles Lese- und Arbeitsbuch. Weinheim und Basel: Beltz 1994[3]

VALAT, P.-M.: Weihnachten. Mannheim: Bibliographisches Institut 1996 (Meyers kleine Kinderbibliothek)

VOSSEN, R. (Hg.): Weihnachtsbräuche in aller Welt. Weihnachtzeit – Wendezeit – Martini bis Lichtmess. Hamburg: Christians 1985

WINZ, U./DOHMES, G.: It's Christmastime. Heinsberg: Agentur Dieck 1996